Startklar 6
fit in Wort und Schrift

Das Arbeitsheft

Schroedel

Hinweise für Schülerinnen und Schüler

Für die Arbeit mit diesem Arbeitsheft brauchst du einen Füllfederhalter, einen Bleistift oder Malstift und ein Extra-Blatt Papier. Damit ausgestattet findest du auf den folgenden Seiten Übungen, Aufgaben und Texte, die dir helfen, das, was du im Schülerband Startklar 6 gelernt hast, besser zu behalten und wiederholt anzuwenden.

Das Arbeitsheft ist gegliedert wie der Schülerband: Zu den entsprechenden Sprachbuchkapiteln ist unter demselben Stichwort und zu dem entsprechenden Thema weiteres Übungsmaterial angeordnet. Beispiel: Wir schreiben Bastelanleitungen.

Jeweils am oberen Seitenrand ist zusätzlich angegeben, welches besondere Gebiet aus der Rechtschreibung, Grammatik und Aufsatzlehre du auf der Seite üben kannst.

Übrigens: Wie der Schülerband enthält auch das Arbeitsheft besondere Aufgaben im Stern. Diese Aufgaben sind ein Zusatzangebot, das manchmal schwierige und aufwendigere Arbeiten erfordert oder spielerisch zu lösen ist.

Viel Spaß und Erfolg wünschen dir dazu
die Autorinnen und Autoren!

Startklar 6
fit in Wort und Schrift
Arbeitsheft

Erarbeitet von
Herbert Allerheiligen, Harald Bouillon, Renate Nahhas, Kirsten Rohr, Harald Stöveken

Illustrationen: Ole Könnecke, Burkhard Kracke, Volkmar Rinke

Umschlaggestaltung: Helke Brandt & Partner, Hannover

 Neue Rechtschreibung

Dieses Werk folgt der reformierten Rechtschreibung und Zeichensetzung. Ausnahmen bilden Texte, bei denen künstlerische, philologische oder lizenzrechtliche Gründe einer Änderung entgegenstehen.

Gedruckt auf umweltfreundlichem Recycling-Papier (100% Altpapieranteile)

ISBN 3-507-**41663**-8

© 1997 Schroedel Verlag GmbH, Hannover

Alle Rechte vorbehalten. Dieses Werk sowie einzelne Teile desselben sind urheberrechtlich geschützt. Jede Verwendung in anderen als den gesetzlich zugelassenen Fällen ist ohne vorherige schriftliche Zustimmung des Verlages nicht zulässig.

Druck A ^{54321} / Jahr 2001 2000 1999 98 97

Alle Drucke der Serie A sind im Unterricht parallel verwendbar. Die letzte Zahl bezeichnet das Jahr dieses Druckes.

Satz: O & S Satzteam, Hildesheim
Druck: Th. Schäfer Druckerei GmbH, Hannover

Textquellen

S. 11: Mira Lobe: Sprechübungen für angehende Schauspieler: Aus: Hans Domenego u.a.: Das Sprachbastelbuch. Wien: Jugend und Volk 1975. (Alle Rechte bei den Autoren).

S. 11: Aus: Hugo Ball: Gesammelte Gedichte. Zürich: Artemis 1963, S. 78.

S. 12f.: Aus: Roald Dahl: Matilda. Übers.: Sibyl Gräfin Schönfeldt. Reinbek bei Hamburg: Wunderlich 1992.

S. 14: Kleopatras Palast. Aus: Hannoversche Allgemeine Zeitung, 4.11.1996.

S. 18: Aus: Franz Hohler. Wegwerfgeschichten. Bern: Zytglogge 1974, ³1977, o.S.

S. 20: Joachim Ringelnatz: Bumerang. Aus: J.R.: Das Gesamtwerk in sieben Bänden. Hrsg. von Walter Pape. Bd. 1. Berlin: K.H. Henssel 1984. S. 148.

S. 20: Joachim Ringelnatz: Pinsel. Aus: Auf einmal steht es neben dir. Gesammelte Gedichte. Zürich: Diogenes Verlag 1994, S. 28/29.

S. 20: James Krüss: Schneemannslos. Aus: J.K.: Der wohltemperierte Leierkasten. Siegbert Mohn, Gütersloh 1961.

Bildquellen

S. 10: Aus: Vorlesewettbewerb des Deutschen Buchhandels 1996/97.

S. 14: **dpa**

Inhaltsverzeichnis

Hinweise für Schülerinnen und Schüler 2

Sprechen und Schreiben

Gespräche führen 5
    Gespräche untersuchen und schreiben 5
    Streitgespräche ordnen
    Gute Argumente muss man haben! 6
    Ein Gespräch fortsetzen und aufschreiben
    Ein Streitgespräch in der Pause 8
    Argumente sammeln
    Streitgespräch aufschreiben 9

Vorlesen 10
    Der Vorlesewettbewerb 10
    Lesespiele
    Sprechübungen für angehende Schauspieler 11
    Frühstück bei Wurmwalds 12
    Vorlesen vorbereiten
    Sich einen Sachtext erschließen 14
    Texten Informationen entnehmen

Erlebnisse erzählen 15
    Ein Tag wie kein anderer 15
    Stichpunkte zur Ausgangslage, zum Erlebnis, zur Lösung
    Spannend soll es sein 16
    Eine Fuhre Mist 17
    Erzählkern ausgestalten, Erzählperspektive einhalten
    Der Granitblock im Kino 18
    Erzählperspektive, Ich-Erzähler
    Schreibanlässe: Fantastisches 19
    Geschichten weiterschreiben
    Aus dem Leben von Gegenständen 20
    Erzählanlässe
    Gesichtergeschichten 21
    Erzählspiel

Wir schreiben Bastelanleitungen 22
    Hier gibt es richtig(en) Druck 22
    Vorgangsbeschreibung
    Nicht schön, sondern reparaturbedürftig 23
    Anleitungen verbessern
    Wir bauen ein Wasserrad 24
    Sätze vervollständigen
    Hier fehlt doch was? 25
    Aussagekräftige Verben ergänzen
    Wasserdampf als Bootsantrieb 26
    Nach einer Bildfolge basteln

Über Schulereignisse berichten 27
    Kopfsprung mit Folgen 27
    W-Fragen beantworten
    Auf die Plätze, fertig, los! 28
    Einen Kurzbericht schreiben

Vor und nach dem Wettkampf 29
Zeitformen im Bericht
Fahrradfahren auf der Hindernisbahn 30
Zeitliche Reihenfolge, Wortschatzarbeit
In die Pedale – fertig, los! 31
Sätze ergänzen, zeitliche Ordnung
Arbeitsgemeinschaften 32
Bericht schreiben

Grammatik – Reflexion über Sprache

Wortarten – weiter auf Entdeckungsfahrt 33
Verb: Perfekt, Plusquamperfekt
Blitzableiter und Papyrus 34
Plusquamperfekt
Eine Frau entdeckt das Radium 35
Zeitformen der Vergangenheit und Zukunft
Erfindungen gestern, heute, morgen 36
Von der Linse zum Mikroskop 37
Zeitformen der Vergangenheit
Mäusegeschichten 38
Besitzer gesucht 39
Präpositionen – so'n Zirkus! 40
Am Start – die Konjunktionen 42

Satzglieder 44
Manege frei für die adverbiale Bestimmung 44

Rechtschreiben

Doppelvokal: Aal in Gelee 47
Langer Vokal
Langer Vokal mit *h* 48
Ähnliche Konsonanten 49
Zwei Laute – drei Schriftzeichen 51
s-Laute
Endungen auf -*s* 53
Wenn Riesen reisen 54
Hast du gewusst, dass… 55
s-Laut, dass-Sätze
Wer trennt, ist selbst schuld! 56
Silbentrennung
Sportass gesucht 57
Zeichensetzung
Mitten in der Nacht 58
Zeichensetzung, Konjunktionen
Satzverbindung – Satzgefüge 59
Zeichensetzung
Riesentraum und Riesenhunger 60
Zeichensetzung – wörtliche Rede
Partnerdiktate 61

Lösungen 63

Gespräche führen

Gespräche untersuchen und schreiben

Das ist doch Blödsinn, so etwas. **(I)**

Ich finde das ganz vernünftig, wir sehen sowieso viel zu viel fern. **(N)**

Neulich hat so ein Politiker vorgeschlagen, einmal pro Woche sollte es einen fernsehfreien Tag geben, kein Sender würde eine Sendung bringen. **(K)**

Fernsehen kann man gar nicht genug. Da ist doch immer etwas Tolles zu sehen, sogar was Lehrreiches. Außerdem will ich selber entscheiden, ob ich fernsehen will oder nicht. **(D)**

Na, und? Das kann dir doch egal sein. **(R)**

Das stimmt schon, aber ich finde, das bekommt dir nicht, denn du hast schon richtig einen dicken Bauch bekommen vom vielen Sitzen vor der Mattscheibe. **(QU)**

Aber du entscheidest dich ja gar nicht, du siehst ja immerzu fern. Ich hab noch nie gesehen, dass bei dir der Fernseher nicht läuft. Der läuft sogar, wenn du Hausaufgaben machst. **(E)**

Schade, dass du so uneinsichtig bist. Ich glaube, dass dir weniger Fernsehen gut bekommen würde. **(C)**

Krimis sind doch richtig doof. Viel besser wäre es für dich, wenn du am fernsehfreien Tag ein Buch lesen würdest. **(T)**

Mein Bauch geht dich gar nichts an, ich will so viel essen und so viel fernsehen, wie ich will. Ich will jeden Tag einen Krimi sehen, weil ich die nämlich ganz besonders toll finde. **(A)**

Ach, lass mich doch in Ruhe. Du nervst! **(H)**

Spinnst du? Lesen ist viel zu anstrengend, weil ich mir da selber 'was 'bei denken muss. **(S)**

Sicher hast du gemerkt, dass hier etwas durcheinander geraten ist.

1. Bringe das Gespräch in die richtige Reihenfolge.
Bei richtiger Lösung ergeben die Kennbuchstaben den Titel einer Jugendsendung im Fernsehen.

2. Suche und unterstreiche nun in dem Gespräch die Stellen, wo die Gesprächsregeln (Vergleiche Startklar 6, S. 22) nicht eingehalten werden.

Streitgespräche ordnen

Gespräche führen — **Ein Gespräch fortsetzen**

Gute Argumente muss man haben!

Oft kommt es im Bus zu folgender Szene:

Mann (gehbehindert, ca. 65 Jahre): Los, steh auf! Mach gefälligst Platz für einen älteren Menschen!

12-jähriger Junge (sitzend): Wieso denn ich? …

❶ Schreibe auf, wie sich dieses Gespräch weiterentwickeln wird. Da der Mann sehr unfreundlich angefangen hat, wird das obige Gespräch vermutlich in einem Streit enden.

Ein Gespräch fortsetzen und aufschreiben | **Gespräche führen**

Aber das Gespräch könnte auch ganz anders verlaufen.
Ob der Junge dann am Schluss aufsteht, hängt davon ab, wie geschickt der Mann argumentiert.

Folgende Argumente könnte der Mann nennen:

– ich bin gehbehindert und falle bei einer Kurve leicht um;
– ich war im Sozialamt und bin sehr müde;
– es wäre höflich, wenn du mir den Platz gäbest;
– ich finde es unverschämt, dass du einfach sitzen bleibst;
– wir Älteren haben es viel nötiger als ihr Jungen zu sitzen;
– man muss rechtzeitig lernen, Rücksicht zu nehmen;
– ich bin früher auch immer für Ältere aufgestanden;
– für mich ist das Stehen in der Bahn gefährlich;
– du hast sicher eine verbilligte Schülerkarte, da hast du gar kein Anrecht auf einen Platz.

Der Junge könnte entgegnen:

– Schule macht auch müde;
– ich war zuerst da;
– ich habe meinen Sitzplatz bezahlt;
– was früher galt; gilt heute nicht mehr;

– _____
– _____
– _____

2 Schreibe nun ein Gespräch auf, bei dem der Junge am Ende aufsteht (vergleiche Startklar 6, S. 23).

Ein Streitgespräch in der Pause

Anja: Zum Geburtstag morgen kriege ich endlich eine kleine Katze.
Julia: Die arme Katze – die hat's bestimmt nicht leicht bei dir.
Jan: Wieso – wenn es Anja doch Spaß macht, soll sie ruhig ihre Katze haben.
Julia: Immerhin macht eine Katze eine Menge Arbeit. Man muss sich zum Beispiel regelmäßig um ihr Fressen kümmern.
Atilay: Musst du das Futter eigentlich von deinem Taschengeld bezahlen oder besorgen das deine Eltern?

Die Mädchen und Jungen haben hier spontan ihre unterschiedliche Meinung gesagt. Sicherlich ist noch mehr zu bedenken, wenn man plant, ein eigenes Haustier zu haben.

1 Sammle stichwortartig weitere Argumente zu der Frage, ob man sich ein Haustier halten soll.

Dafür (Pro) und	**Dagegen (Kontra)**
– *Tier als Spielgefährte*	– *Tiere machen Schmutz*
	– *Wohin mit ihnen im Urlaub?*

2 Suche passende Beispiele für ein Argument und ein Gegenargument.

Streitgespräch aufschreiben   **Gespräche führen**

3 Schreibe ein Streitgespräch von zwei (oder mehr) Personen zur obigen Frage. Achte darauf, dass
- die Beiträge nicht vom Thema abweichen und
- Argument und Gegenargument abgewogen werden.

Anja: Ich bin der Meinung, dass man sich ein Haustier halten sollte, weil man mit ihm spielen und zärtlich sein kann. Mit einer Katze kann man ...

Julia: Ich bin anderer Ansicht, denn ...

Der Vorlesewettbewerb

Mach mit beim
Vorlese-Wettbewerb
des deutschen
Buchhandels
für alle Mädchen
und Jungen
der 6. Schulklassen

Auswahl des Buches

Aussuchen der Textstelle

Vorlesen vorbereiten
Texte für das Vortragen vorbereiten:
– Unterstreiche die Wörter, die du für besonders wichtig hältst.
– Mache da ein Pausenzeichen ('), wo du kurz Atem holen willst.
– Ziehe einen Strich (/), wo du anhalten willst; da senkt sich deine Stimme.
– Zeichne ein Überbrückungszeichen (~), wenn du über das Zeilenende hinauslesen musst.

Einen Text vorlesen

Lesefehler vermeiden!
Das Betonen wird sich lohnen!
Buchstabenschluck gibt Magendruck!
Guck mal!
Heben und Senken verhindern das Ablenken.

Lies den folgenden Text laut und deutlich vor:

Als aufmerksame Schülerinnen und Schüler wisst ihr ja, was man mit einem Text in der Schule alles machen kann: Ihr sollt den Text laut oder still lesen, ihr sollt ihn sauber abschreiben, ihr bekommt ihn diktiert. Manchmal sollt ihr sogar einen Text auswendig lernen und oft wird im Unterricht über einen Text gesprochen.
Aber mit einem Text kann man noch viel mehr machen:

1. Lies den Text Wort für Wort von hinten vor, also rückwärts.

2. Die Japaner können das -r- nicht aussprechen, sie setzen dafür ein -l- ein. Wie hört sich der Text an, wenn ihr das ausprobiert?

3. Ganz schwer ist es, den Text vorzulesen, wenn in jedem Wort der erste oder der letzte Buchstabe fehlt.

Auf den nächsten Seiten werden euch zahlreiche Übungsmöglichkeiten zum Vorlesen angeboten.

Lesespiele

Sprechübungen   **Vorlesen**

Sprechübungen für angehende Schauspieler

Es sprach der Aal
im Futteral:
„Der Saal ist kahl.
Zum letzten Mal
grüß ich im Tal
den Pfahl aus Stahl."

Es steht ein Reh im Schnee am See.
Mir tut es in der Seele weh,
wenn ich das Reh im Schnee stehn seh.

Sollen Drohnen auf Thronen wohnen?
Soll man sie mit Kronen belohnen?
Oder soll man auf die Drohnen
Bohnen schießen aus Kanonen?

Hör zu:
Das U
ist manchmal kurz
wie ein Furz.
Manchmal aber sehnt es sich,
dann dehnt es sich,
dann passt ihm kein Schuh
und es gibt keine Ruh
und brüllt Muh mit der Kuh.

Mira Lobe

Seepferdchen und Flugfische

tressli bessli nebogen leila
flusch kata
ballubasch
zack hitti zopp

5 zack hitti zopp
hitti betzli betzli
prusch kata
ballubasch
fasch kitti bimm

10 zitti kittilabi bilabi bilabi
zicko di zackobam
fisch kitti bisch

bumbalo bumbalo bumbalo bambo
zitti kittilabi
15 zack hitti zopp

tressli bessli nebogen grügü
blaulala violabimini bisch
violabimini bimini bimini
fusch kata
20 ballubasch
zick hitti zopp

Hugo Ball

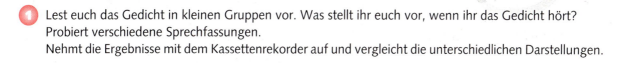

1 Lest euch das Gedicht in kleinen Gruppen vor. Was stellt ihr euch vor, wenn ihr das Gedicht hört?
Probiert verschiedene Sprechfassungen.
Nehmt die Ergebnisse mit dem Kassettenrekorder auf und vergleicht die unterschiedlichen Darstellungen.

Frühstück bei Wurmwalds

Roald Dahl

1 Bereite diesen Text zum Vorlesen vor (siehe Startklar 6, S. 31).

Herr Wurmwald tat jedenfalls einiges dafür, um sich die Haare so stark und kräftig zu erhalten, oder bildete es sich ein, indem er sich jeden Morgen eine kräftige Portion Haarwasser namens Veilchenöl-Haartonikum einmassierte. Eine Flasche dieser duftenden purpurnen Mischung stand immer auf dem Ablagebrett überm Waschbecken im Badezimmer, neben all den Zahnbürsten, und jeden Morgen nach dem Rasieren fand eine wilde Schädelrubbelei statt. Diese Haar- und Kopfmassage wurde stets von lauten männlichen Grunzern begleitet, von schwerem Atmen und von lautem Keuchen: „Ah, das ist besser! Das ist richtig! Kräftig rein damit, bis in die Wurzeln!", was Matilda in ihrem Schlafzimmer auf der anderen Seite des Korridors noch deutlich hören konnte.

Nun schraubte Matilda in der Verschwiegenheit des frühen Morgens im Badezimmer die Kappe von ihres Vaters Veilchenöl und kippte drei Viertel des Inhalts in den Ausguss. Dann füllte sie die Flasche wieder mit der „Goldblonden Haarfarbe, extra stark" von ihrer Mutter auf. Sie hatte klugerweise genug Haarwasser in der Flasche ihres Vaters gelassen, sodass es immer noch einigermaßen purpun aussah, nachdem sie das Ganze tüchtig geschüttelt hatte. Dann stellte sie die Flasche wieder auf die Ablage über dem Waschbecken und vergaß auch nicht, die Flasche ihrer Mutter in das Badezimmerschränkchen zurückzustellen. So weit, so gut.

Beim Frühstück saß Matilda ruhig am Esstisch und aß ihre Getreideflocken. [...]

In diesem Augenblick betrat Herr Wurmwald geräuschvoll das Zimmer [...] „Wo bleibt mein Frühstück?"

„Kommt schon, mein Schatz", rief Frau Wurmwald aus der Küche.

Matilda hielt den Kopf über ihre Getreideflocken gebeugt. Sie wagte nicht aufzuschauen. Erstens wusste sie nicht genau, was sie zu sehen bekommen würde. Und wenn sie zweitens das, was sie zu sehen hoffte, wahrhaftig sah, dann wusste sie nicht, ob sie sich auf ihre unbewegte Miene verlassen konnte. [...]

Der Vater war gerade im Begriff, sich auf seinen Platz am Ende des Tisches zu setzen, als die Mutter aus der Küche mit einem Teller angefegt kam, der hoch mit Spiegeleiern und Würstchen und Speck und Tomaten beladen war. Sie schaute auf. Sie erblickte ihren Gatten. [...]

„Deine Haare!", schrie die Mutter und deutete mit bebendem Zeigefinger auf ihren Mann. „Schau dir deine Haare an! Was hast du bloß mit deinen Haaren gemacht?"

„Was ist denn um des Himmels willen mit meinen Haaren los?", fragte er. [...]

Matilda sagte gar nichts. Sie saß nur da und bewunderte die prachtvolle Wirkung ihrer eigenen Geschicklichkeit. Der dichte schwarze Haarschopf von Herrn Wurmwald sah jetzt schmutzig silbern aus, diesmal wie das Kostüm einer Seiltänzerin, die es seit Anfang der Zirkussaison nicht gewaschen hat.

Vorlesen vorbereiten Gespräche führen

„Du hast … Du hast … Du hast es gefärbt!", keuchte die Mutter. „Warum hast du denn das gemacht, du Idiot! Es sieht einfach grässlich aus! Ekelhaft! Du siehst aus wie eine Missgeburt!"

„Zum Donnerwetter, von was redet ihr denn?", brüllte der Vater und fuhr sich mit beiden Händen in die Haare. „Ich hab sie mir ganz bestimmt nicht gefärbt. Was soll das heißen, ich hätt' sie mir gefärbt? Was ist denn damit passiert? Oder ist das ein übler Scherz?" Sein Gesicht nahm allmählich eine hellgrüne Farbe an, genau wie unreife, saure Äpfel. […]

„Natürlich hat er's gefärbt!", schrie die Mutter. „Haare kriegen nicht von ganz alleine eine andere Farbe. Was um des Himmels willen hast du bloß damit beabsichtigt, wolltest du schöner aussehen oder was? Jetzt siehst du aus wie irgendwessen Großmutter, die den Verstand verloren hat!"

„Her mit einem Spiegel!", heulte der Vater. „Steht hier nicht rum und schreit mich an! Bringt mir einen Spiegel!"

„Allmächtiger!", heulte der Vater und starrte in den kleinen Spiegel. „Was ist denn mit mir passiert! Ich sehe ja schrecklich aus! Genauso, als ob es bei dir schief gegangen wäre. So kann ich nicht in den Betrieb. So kann ich keine Autos verkaufen! Wie konnte das nur passieren?" […]

„Ich könnte mir denken, Vati", antwortete Matilda ruhig, „dass du nicht genau hingeschaut hast und einfach Mamis Flasche mit dem Haarzeugs vom Regal genommen hast statt deine eigene."

„Ja, natürlich, so muss es gewesen sein!", stöhnte die Mutter. […]

2 Übe das Vorlesen.

Sich einen Sachtext erschließen

Wer schnell liest, ist sicherlich im Vorteil. Schnelles Lesen ist aber nur dann gut, wenn man auch den Inhalt des Gelesenen versteht, behält und wiedergeben kann.

1. Stoppe, wie lange du brauchst, um diesen Zeitungsartikel zu lesen.
2. Beantworte dann die unten stehenden Fragen. Stoppe auch diese Zeit.
3. Rechne die Lesezeit und Beantwortungszeit für die Fragen zusammen.

2000 Jahre alt, luxuriös und voller Farben
Franzose findet Kleopatras Palast im Hafen Alexandrias / 3500 Tauchstunden absolviert

Alexandria (dpa). Der französische Meeresarchäologe Franck Goddio hat im Hafenbecken der ägyptischen Stadt Alexandria die
5 Überreste des rund 2000 Jahre alten Palastes der sagenumwobenen Königin Kleopatra gefunden. Zugleich entdeckte der 49-Jährige in Ägyptens erstem Unterwassermuseum
10 weite Teile der ehemals königlichen Residenz. Das wurde am Sonntag auf einer internationalen Pressekonferenz in Alexandria bekannt. Mehr als 3500 Tauchstunden ver-
15 brachten Goddio und 16 weitere Profitaucher in den vergangenen vier Monaten im Osthafen. Rund sieben Meter unter der Wasseroberfläche fanden sie Obelisken,
20 Säulen, Statuen, tonnenschwere Granitblöcke sowie Amphoren, Sphinxen, Pflasterungen und Dämme. Das Puzzle ergab dann die Sensation:

25 Anhand der überlieferten Texte und Beschreibungen blieb kein Zweifel, dass Goddio außer dem Kleopatra-Palast auch das Timonium, Palast und Heiligtum von Kleopatras
30 Mann Markus Antonius, den königlichen Galeerenhafen sowie den Tempel von Poseidon wiederentdeckt hatte. Dank Goddios Tauchexpedition ersetzen jetzt präzise
35 Lagepäne die bisherigen hypothetischen Karten über das antike Alexandria.
Selbst nach 2000 Jahren bringen die Reste der Prachtbauten den Archäo-
40 logen ins Schwärmen. „Verschwenderisch, außerordentlich luxuriös und voller Farben", beschreibt Goddio die Attraktion. Er bestätigt damit Berichte, wonach die 331 v.
45 Chr. von Alexander dem Großen gegründete Stadt während ihrer Blütezeit im ersten vorchristlichen Jahrhundert mit ihrer Pracht selbst Rom als damaliges Zentrum der
50 Macht in den Schatten stellte.
Nach Kleopatras Freitod 31 v. Chr. und dem Abstieg der einstigen Weltmacht Ägypten zur römischen Kolonie setzte auch der
55 Untergang Alexandrias ein. Im Jahr 335 versanken die königlichen Paläste und Tempel der einstmals zweitgrößten Stadt der Welt nach einem starken Erdbeben.

- Wann wurde Alexandria gegründet?
- Wie tief liegt der Palast der Kleopatra unter der Wasseroberfläche?
- Wie lange brauchten die Forscher, um den Palast zu entdecken?
- Was wurde außer dem Kleopatra-Palast noch entdeckt?
- Warum sind die Reste des Palastes unter Wasser?

| **Erlebnisse erzählen** | **15** |

Ein Tag wie kein anderer

Manchmal erlebt man etwas, das gar nicht so alltäglich ist.

Auf der Einkaufsstraße waren die Schaufenster noch beleuchtet, gedankenlos betrachtete ich die Auslagen. Da sah ich vor einem Kaufhaus Mark und Tine, die ihre Gesichter an die Scheibe drückten. Hoffentlich guckten die jetzt nicht plötzlich in meine Richtung und entdeckten mich! Seit Wochen hatte ich nicht mehr daran gedacht, und jetzt, wo ich die beiden sah, ausgerechnet an diesem Kaufhaus, war dieser ganze Nachmittag wieder da, und mir fiel etwas ein, was ich lieber vergessen wollte. Aber andererseits dachte ich, brauchte ich mich gar nicht so schuldig zu fühlen.

❶ Was mag das für ein Erlebnis sein, an das der Erzähler oder die Erzählerin sich so ungern erinnert?
Entwirf eine Geschichte.
Notiere zuerst Stichworte zu den Ereignissen, die in deiner Erzählung vorkommen sollen.
Achte dabei auf die Ausgangslage, das Erlebnis/die Begebenheit und die Lösung/den Ausgang.

❷ Notiere, was die Personen in deiner Geschichte denken oder fühlen.

❸ Schreibe nun deine Geschichte.

Stichpunkte zur Ausgangslage, zum Erlebnis, zur Lösung

Spannend soll es sein

Diese Erzählung eines Schülers fängt zwar spannend an, dann aber erzählt Daniel nicht mehr ausführlich genug und wenig spannend weiter:

Urlaub auf Teneriffa

Vor ein paar Jahren verbrachten meine Eltern, mein Freund Manuel und ich unseren Urlaub auf Teneriffa.

Einmal wollten wir gegen elf Uhr schwimmen gehen. Der Wind war sehr stark und die Meereswellen waren so hoch, dass wir eigentlich annahmen, die rote Sturmfahne müsste wehen. In diesem Fall ist das Baden verboten.
Wir freuten uns, dass sie nicht wehte und gingen ins Wasser. Wir liefen cirka zehn Meter hinein und wurden von einer fünf Meter hohen Welle auseinander gerissen. Manuel und mein Vater hatten, wie ich später erfuhr, Glück, sie wurden direkt an den Strand getrieben, mich aber hatte die Welle voll erwischt. So wurde ich durch den Unterwassersog immer näher zu den Klippen getragen. Dabei verlor ich völlig die Orientierung und wusste nicht mehr, wo unten und oben war. Hin und wieder kam ich an die Wasseroberfläche und konnte nach Luft schnappen.

Die Klippen sind gefährlich, denn sie sind scharfkantig und spitz und können einen Menschen töten, falls er auf sie geschleudert würde.

Zum Glück sahen mich vom Ufer aus ein Spanier und mein Vater. Beide stürzten sich, ohne an die Gefahr zu denken, ins Wasser und schwammen auf mich zu. Mit vereinten Kräften zogen sie mich im letzten Augenblick aus dem Wasser.

Nach diesem Zwischenfall wurde sofort die rote Sturmfahne aufgezogen.

1. Stelle fest, wo diese Erzählung anfängt langweilig zu werden und der Leser eigentlich mehr erfahren möchte.

2. Überarbeite nun die Geschichte und wende dabei verschiedene Möglichkeiten an, Spannung zu erzeugen (siehe Startklar 6, S. 57). Denke dabei besonders an die Darstellung der Angst des Jungen.

Erzählkern ausgestalten, Erzählperspektive einhalten **Erzählen**

Eine Fuhre Mist

„So ein Mist", dachte ein Landwirt, der zusammen mit seinem Sohn mit dem Traktor unterwegs war. Sein Sohn hatte auf der Straße nach Palmbach versehentlich den Entladehebel betätigt. Der Mist verteilte sich auf einer Strecke von 500 Metern teilweise zehn Zentimeter hoch.
Eine Kehrmaschine und die Feuerwehr rückten an. Die Wehr spritzte die Fahrbahn sauber; bei Minusgraden geriet die Straße zur Eisbahn. Die Polizei musste wegen Glätte die Fahrbahnen sperren. Ein Streufahrzeug streute die Strecke ab, die erst nach Stunden wieder befahrbar war.

1. Gestalte diese Zeitungsmeldung zu einer Erzählung aus.

2. Entscheide dich für eine der folgenden Perspektiven (Sichtweisen):
   a) Schreibe aus der Perspektive eines der Beteiligten, der in der Zeitungsmeldung erwähnt wird (Landwirt, Sohn, Feuerwehrmann).
   b) Wie ändert sich die Geschichte, wenn du aus der Sicht eines hinterherfahrenden Autofahrers erzählst? Schreibe deinen Text auf.
   c) Erzähle auch aus dem Blickwinkel einer Schülerin, die am Straßenrand steht.

Der Granitblock im Kino

Franz Hohler

Ein Granitblock aus einem öffentlichen Park hatte lange gespart und wollte mit seinem Geld ins Kino, und zwar hatte er von einem lustigen Film gehört, „Zwei Tanten auf Abenteuer". Er ging also an die Kasse und verlangte fünf Plätze. Zuerst wollte sie ihm die Kassiererin nicht geben, doch da sagte der Granitblock bloß „oho", und schon hatte er die Billette. Er hatte erste Reihe gelöst, weil er seine Brille vergessen hatte. Als sich der Granitblock auf seine fünf Plätze setzte, krachten gleich alle Armlehnen zusammen, und dann fing das Vorprogramm an. Der Granitblock schaute interessiert zu und bestellte in der Pause zehn Eiscremes, die er sofort hinunterschluckte. Jetzt fing der Hauptfilm an, und der Granitblock amüsierte sich sehr. Da er an Humor nicht gewöhnt war, musste er schon über jede Kleinigkeit lachen, zum Beispiel wenn eine Tante zur andern sagte, na, altes Haus? Er schlug sich auf die Schenkel und lachte, dass das ganze Kino zitterte und die Leute durch die Notausgänge flüchteten. Als dann eine Tante der andern mit dem Schirm eins über den Kopf haute, war der Granitblock nicht mehr zu halten. Er hüpfte jaulend auf und ließ sich auf seine Sessel plumpsen, die sogleich zusammenbrachen, und damit nicht genug, stürzte er durch den Boden des Kinos in einen Keller und konnte den Rest des Films nicht mehr ansehen. Das Kino wurde vorübergehend geschlossen, der Granitblock musste mit einem Lastwagen in seinen Park zurückgebracht werden, und heute langweilen sich schon alle Spatzen, wenn er wieder mit seiner Geschichte von den Tanten kommt und kichernd erzählt, wie eine zur andern gesagt hat, na, altes Haus.

1 Probiere aus, wie sich diese Geschichte verändert, wenn du sie aus der Sicht verschiedener Beteiligter erzählst:
– aus der Perspektive des Granitblocks,
– aus der Sicht der Eisverkäuferin,
– aus der Sicht einer Kinobesucherin,
– aus der Sicht des Kinobesitzers, der den Film vorführt.

Geschichten weiterschreiben   **Erzählen**

Schreibanlässe: Fantastisches

A Eines Tages spazierte Peter in den Wald. Er hörte gerade seine neueste Kassette, als er völlig unerwartet vor einem hellblauen, riesengroßen Tor stand – mitten im Wald! Weil er von Natur aus neugierig und Hellblau zudem seine Lieblingsfarbe war, schritt er durch das Tor. Kaum war er hindurch, da knarrte es hinter ihm und das Tor schloss sich. Peter versuchte, es wieder zu öffnen: Er rüttelte mit aller Kraft, aber es gelang ihm nicht. So entschloss er sich, noch ein Stück weiterzugehen. ...

B Es geschah an einem schönen Sommertag, dass Matthias, genannt Matze, der Sohn des besten Fluglotsen der Stadt, zu seinem Vater ins Zimmer lief und rief: „Du, Papa! Unten im Garten, da hab ich so ein schleimiges grünes Objekt durch die Luft fliegen sehen!" Der Vater entgegnete: „Um das zu glauben, muss ich es selber gesehen haben. Ich komme mit raus." „Ja, ja! Red' nicht so viel! Komm lieber schnell, sonst ist es womöglich weg." ...

1 Erzähle einen dieser Erzählanfänge weiter, wenn du Lust hast, natürlich auch beide.
Vergiss nicht, interessante Überschriften für deine Geschichte zu finden.

Stell dir vor, du müsstest in einem verwunschenen Schloss die ganze Nacht Wache halten bis zum Morgen.
Du gehst im flackernden Licht einer Kerze durch weite Flure und hallende Säle; ab und zu siehst du einen Vorhang flattern, hörst fernes Schlurfen und das Schlagen einer Tür.
Du rufst: „Wer ist denn da?"
und wie ein Echo hörst du vielstimmig die Antwort: „Wer ist denn da?"
Du rufst: „Kommt doch her zu mir!"
und das Echo antwortet:
„Kommt doch her zu mir!"

2 Wie könnte diese Geschichte weitergehen?
Vielleicht kommt der erste Hahnenschrei, der den Aufgang der Sonne verkündet, noch rechtzeitig, vielleicht auch nicht ...

3 Zusammen mit deinen Klassenkameraden und -kameradinnen könntest du hieraus auch eine Hörspielszene machen.

Aus dem Leben von Gegenständen

Es kann sehr viel Spaß machen, sich in die Rolle von Gegenständen hineinzuversetzen und aufzuschreiben, was die wohl so erleben könnten, an einem Tag oder im Laufe eines ganzen Lebens, z. B.: ein Fußball erlebt ein wichtiges Spiel, eine Briefmarke geht auf Reisen, ein Rennrad oder Inline-Skates finden einen Käufer und …
Sicher fallen dir noch viele andere Gegenstände ein, deren Erlebnisse gar nicht langweilig sind.

Bumerang
Joachim Ringelnatz

War einmal ein Bumerang;
War ein Weniges zu lang.
Bumerang flog ein Stück,
Aber kam nicht mehr zurück.
Publikum – noch stundenlang –
Wartete auf Bumerang.

1 Was erlebt der Bumerang auf dem Flug?

Joachim Ringelnatz

Ein Pinsel mit sehr talentvollen Borsten
Der musste viel hungern und viel dorsten.
Er war 60 Jahre alt und hieß Tipfelchen.
Aus festem Tannenholz war sein Stiel.
Er malte, und was er malte, gefiel.

2 Erzähle aus dem Leben des Pinsels.

Schneemannslos
James Krüss

Den weißen Schneemann Fridolin
Verlockte ein Plakat,
Zum Faschingsfest davonzuziehn
In ein Hotel der Stadt. …

3 Schreibe auf, wie es dem Schneemann auf dem Faschingsfest ergehen könnte.

Gesichtergeschichten

Spielregeln

Zeichne auf einen Zettel ein Gesicht, ein lachendes, ein trauriges, ein blödes, je nachdem, welche Stimmung du dem Gesicht geben willst.

Gib nun diesen Zettel deiner rechten Nachbarin, deinem rechten Nachbarn. Sie/Er malt eine Denkblase zu dem Gesicht und schreibt ein oder zwei Sätze hinein. Nun wird der Zettel wieder nach rechts weitergegeben.

Die oder der Dritte hat fünf Minuten Zeit, aus den Sätzen der Denkblase passend zu dem Gesicht den Anfang einer Geschichte zu schreiben. Sie oder er schickt den Zettel wieder nach rechts weiter.

Die oder der Nächste darf acht/zehn Minuten darauf verwenden, die Geschichte weiterzuerzählen, usw.

Der oder die Fünfte muss die Geschichte zu Ende schreiben.

Am Schluss wird natürlich vorgelesen.

Wir schreiben Bastelanleitungen

Hier gibt es richtig(en) Druck

Sicher habt ihr Lust, selbst ein T-Shirt zu bedrucken. Als Druckstempel eignen sich: Korken, halbierte Champignons und besonders gut Kartoffeln. Aus Kartoffeln könnt ihr Sterne, Herzen, Buchstaben, Zahlen ausschneiden.

1 Welches Material und welche Werkzeuge werden benötigt?

2 Beschreibe, wie
– der Sternkartoffelstempel angefertigt wird;

3 – wie eingefärbt und gedruckt wird;

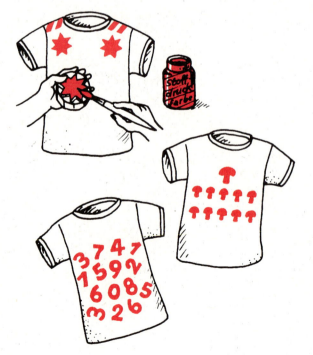

4 – wie der Stempel aus einem Champignon hergestellt wird.

Vorgangsbeschreibung

Anleitungen verbessern   **Bastelanleitungen**

Nicht schön, sondern reparaturbedürftig

1 Lies dir die Bauanleitungen für ein Dosentelefon durch.
Unterstreiche die Stellen, die nach deiner Meinung verbessert werden müssen (siehe Startklar 6, S. 86/87).

2 Schreibe deine Vorschläge auf.

3 Schreibe eine Neufassung.

Fassung A

Erst haust du mit dem Nagel ein Loch in eine Büchse. Dann eins in die andere. Dann fädelt man die Schnur durch das Loch. Dann ziehst du das Garn weiter. Ungefähr 15 m. Dann wird das Tau durch das andere Dosenloch gezogen. Das Tauende wird verknotet, damit es nicht wieder rausfällt.
Dann ist das Telefon fertig.

_____
_____
_____
_____

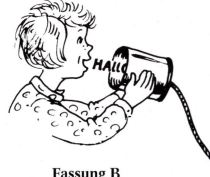

Fassung B

Erst nehme ich einen Hammer und mache mit dem Nagel ein Loch in den Boden der Blechdose. Es muss genau in der Mitte gemacht werden. Wenn das Loch gemacht ist, kann ich die Schnur hindurchziehen. Dann mache ich einen Knoten in die Schnur, sodass sie nicht mehr aus der Dose herausrutschen kann.
Nun machen wir mit der anderen Dose das Gleiche und ziehen auch hier die Schnur hindurch, nachdem wir 20 m von der Rolle abgeschnitten haben.
Wenn wir alles fertig gemacht haben, ist das Telefon einsatzbereit.

_____
_____
_____

Nicht schön, sondern reparaturbedürftig

Bastelanleitungen Sätze vervollständigen

Wir bauen ein Wasserrad

_____ du mit dem Bau des Wasserrades beginnst, entfernst du das Papier von der leeren Milchdose.

_____ sich das Papier schlecht lösen lässt, stelle die Dose eine Zeitlang in ein Wasserbad.

_____ schlägst du mit einem dicken spitzen Nagel ein Loch in die Mitte des Deckels und des Bodens.

_____ steckst du ein 15 cm langes Rundholz, das so dick ist wie der Nagel, durch die Löcher hindurch. Aus beiden Öffnungen soll ein gleich langes Stück herausgucken.

_____ es richtig sitzt, klebst du es mit Alleskleber fest.

_____ du die acht Schaufeln herstellen kannst, benötigst du festen Karton. Die Streifen sollen 4 cm breit sein und so lang wie die Dose.

_____ knickst du die Kartonstreifen in der Längsrichtung, sodass der Streifen dann wie ein L aussieht.

_____ klebst du ein abgebranntes Streichholz in den Knick, damit die Schaufel einen festeren Halt hat.

_____ werden die acht Kartonschaufeln mit Alleskleber auf die Büchse geklebt. Achte auf eine regelmäßige Verteilung der Schaufeln.

_____ aber solltest du die Schaufeln noch dünn mit dem Kleber bestreichen, damit sie später im Wasser nicht so schnell durchweichen.

_____ hältst du das Wasserrad unter einen Wasserhahn und lässt das Wasser über die Schaufeln laufen.

_____ du alles richtig gemacht hast, muss sich das Wasserrad leicht zwischen Daumen und Zeigefinger drehen.

❶ In dem Text fehlen die Satzanfänge. Suche passende und setze sie ein.

❷ Verwende nicht denselben Satzanschluss mehrfach.

❸ Unterstreiche in dem Text alle Verben, die einen Arbeitsgang beschreiben.

❹ Schreibe einen einleitenden Satz auf, in dem die Materialien und die benötigten Werkzeuge aufgeführt werden.

_____

_____

Aussagekräftige Verben ergänzen **Bastelanleitungen**

Hier fehlt doch was?

Man muss das Werkstück in den Schraubstock _____.

Zuerst wird mit dem Handbohrer das Loch in das Brett _____.

Von dem Holzbrett werden an der schmalen Seite zwei gleich große Dreiecke _____.

Die beiden Hälften werden wieder genau zusammen_____.

Aus dem Papierbogen wird ein rechteckiges Stück _____.

Schließlich werden die Teile mit Plakafarbe _____.

Der Draht wird mit der Zange zu einem Haken _____.

Die Dachlatte wird glatt _____.

Die Holzstange wird _____, damit sie fest sitzt.

In die Mitte des Segels wird, fünf Zentimeter vom Rand entfernt, ein Loch _____.

Mit dem Hammer werden die Nägel in das Brett _____.

Mit der Schere werden die Segel aus dem Stoff _____.

Bevor die Nägel ins Holz geschlagen werden, muss man von den Enden mit der Zange ein kleines Stück _____.

Die Bänder werden oben an dem Holzstab _____.

1 Setze in die Lücken passende Verben ein.
An einigen Stellen fallen dir bestimmt mehrere Möglichkeiten ein. Entscheide dann, welches Verb am genauesten ausdrückt, was getan werden muss.

Drei gehören immer zusammen

> abtrennen anmalen aufheizen aussägen ausschneiden biegen einkratzen
> erhitzen erwärmen falten färben glätten gravieren kleben kleistern knicken
> krümmen leimen ritzen schleifen schmirgeln tönen umschlagen verformen

2 Versuche die „Drillinge" herauszufinden.

Wasserdampf als Bootsantrieb

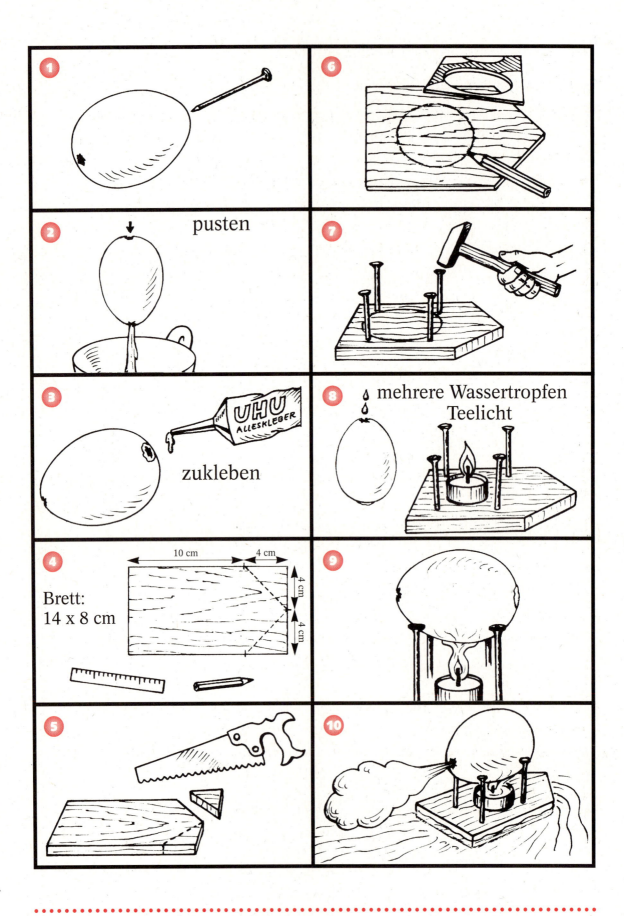

Über Schulereignisse berichten

Kopfsprung mit Folgen

1. Werte die folgenden Informationen aus und lege einen Notizzettel an.

Wo?
wann?
wer?
was?
warum?
wie?

DAS MUSSTE JA SO KOMMEN!

Hat der Frank denn nicht gesehen, dass Klaus vor ihm schwamm?

Mann – gut, dass unser Lehrer Rettungsschwimmer ist!

Der Lehrer hätte besser aufpassen müssen!

Sabine hat beim Herausholen geholfen.

UND DAS AUSGERECHNET HEUTE AM 21. MAI. AN KLAUS' GEBURTSTAG!

Ich hab gedacht: „Hilfe, Hilfe – Klaus ertrinkt!"

WARUM HAT ER DENN AUCH NICHT AUF HERRN SCHMIDT GEHÖRT? ER SOLLTE DOCH NICHT MEHR SPRINGEN!

Donnerstags passiert doch neuerdings immer was beim Schwimmunterricht.
Ach, das Springen macht doch solchen Spaß!

FRANK MACHT DOCH IMMER, WAS ER WILL!

Er kann doch nicht alle 15 Schüler im Blick haben.

Zum Glück, er redet mit den beiden.

Dabei wäre die Stunde fünf Minuten später, um 13 Uhr, zu Ende gewesen.

Guck mal, Klaus spuckt viel Wasser aus.

Beide machen Wiederbelebungsversuche.

Mir ist jetzt noch ganz schlecht, wenn ich daran denke.

BLÖDMANN, KLAUS IST SCHULD, WARUM SCHWIMMT ER DA 'RUM, WO FRANK SPRINGEN WILL.

....

W-Fragen beantworten

Auf die Plätze, fertig, los!

Es herrscht große Aufregung in den 6. Klassen der Heinrich-Heine-Schule, denn heute werden die Sieger der Schulmeisterschaften im Schwimmen ermittelt.

Vier Schülerinnen der 6c bestreiten die 4 x 50-Meter-Lagenstaffel; Yvonne ist Rückenschwimmerin, sie startet als Erste. Dann folgen Malika mit der Delphinlage, Katharina als Brustschwimmerin und zum Schluss Britta als Kraulschwimmerin.

Yvonne schwimmt auf Bahn 3; sie ist gut gestartet, aber die Schwimmerinnen auf Bahn 1 und 5 sind schneller.

Jetzt machen sich die Delphinschwimmerinnen fertig. Das Mädchen auf Bahn 5 ist zuerst gesprungen, sofort danach die auf Bahn 1 und 3. Für die 6c schwimmt Malika, sie holt auf, überholt die anderen und schlägt als Erste an.

Dann erfolgt der Wechsel zu Katharina. Sie springt zu zaghaft, das kostet Zeit. Aber sie ist eine hervorragende Brustschwimmerin, sie hält gut mit. Den ersten Platz verliert sie an die Bahn 5 von der Erich-Kästner-Schule; die anderen Schwimmerinnen aber liegen weit zurück.

Der letzte Wechsel. Britta ist ein Kraul-As, sie ist hervorragend gestartet. Sie kämpft sich vor. Das Mädchen auf Bahn 5 ist eine harte Konkurrentin. Noch 20 Meter, Britta ist wenige Zentimeter hinter der Bahn 5. Dann hat sie es geschafft.

Die 6c hat gesiegt und den ersten Platz mit 3 Minuten und 41 Sekunden gewonnen. Die zweite Staffel ist nur $\frac{1}{2}$ Sekunde langsamer gewesen.

1. Du bist Redakteurin eurer Schülerzeitung und bekommst die Aufgabe, einen kurzen Bericht zu schreiben (etwa zehn Sätze).

   Unterstreiche die wichtigsten Informationen im Text.

2. Nimm die W-Fragen zu Hilfe und schreibe den Kurzbericht.

3. Welche Informationen würdest du noch verwenden, wenn ihr in eurer Klassenzeitung über den tollen Erfolg eurer Klasse berichten wollt. Unterstreiche diese Stellen in einer anderen Farbe.
   Gibt es auch Informationen, die du jetzt nicht mehr verwenden würdest? Wenn ja, welche? Kreise diese ein.

4. Warum verwendest du weitere oder andere Informationen für die Klassenzeitung?

Zeitformen im Bericht   **Berichten**   **29**

Vor und nach dem Wettkampf

So oder so?

Nachdem alle Schwimmerinnen geduscht hatten, versammelten sie sich in der Schwimmhalle.

Nachdem alle Schwimmerinnen duschten, versammelten sie sich in der Schwimmhalle.

Die Sportlerinnen schwammen eine Trainingsrunde, nachdem sie ins Schwimmbecken gesprungen waren.

Die Sportlerinnen schwammen eine Trainingsrunde, nachdem sie ins Schwimmbecken sprangen.

Als der Leiter der Veranstaltung alle Stoppuhren kontrolliert hatte, verteilte er sie an die Kampfrichter.

Als der Leiter der Veranstaltung alle Stoppuhren kontrollierte, verteilte er sie an die Kampfrichter.

1 Prüfe die Beispielsätze, welche sind richtig?
Achte in jedem Satz darauf, in welcher zeitlichen Reihenfolge das Geschehen logischerweise erzählt werden muss.

2 Setze die fehlenden Verben in den folgenden Text ein.
Achte besonders auf die richtigen Zeitformen (siehe Startklar 6, Seite 103/104).

Nach dem Wettkampf

Nachdem wir den Wettkampf ▭▭▭, ▭▭ uns alle zu unserem Erfolg. Danach ▭▭ wir im Umkleideraum und ▭▭ ungeduldig auf unseren Sportlehrer. nachdem er endlich ▭▭▭, ▭▭ wir gemeinsam zu unserer Siegesfeier. Unsere Eltern ▭▭ schon alles ▭▭, auch unsere Freunde ▭▭ schon ▭▭. Wir ▭▭ gar nichts mehr von dem anstrengenden Wettkampf und ▭▭ ausgelassen bis in den Abend hinein.

feiern – gehen – gewinnen – gratulieren – kommen – kommen – merken – sitzen – vorbereiten – warten

Berichten Zeitliche Reihenfolge; Wortschatzarbeit

Fahrradfahren auf der Hindernisbahn

◯ Zuerst fährt man durch die Acht.

◯ Für ihr Sommerfest haben sich Schüler aus der Schule Altengroden einen Fahrradparcours ausgedacht.

◯ Dann fährt man direkt durch zwei andere Kurven, die aber viel weiter sind.

◯ Marie und Janos zeigen den Teilnehmern die Hindernisbahn.

◯ Sie erklären, wie man fahren muss.

◯ Nachdem man das geschafft hat, fährt man vier enge Zickzackkurven.

◯ Wenn man beim ersten Mal danebengegriffen hat, kann man es noch ein zweites Mal probieren.

◯ Jetzt fährt man um den dicken Kastanienbaum.

◯ Bevor man nun durchs Ziel fährt, nimmt man vom Tisch einen Schuhkarton und bringt ihn mit zum Ziel.

1 Bei einem Bericht ist wichtig, dass die Reihenfolge stimmt.
Nummeriere die Sätze und trage die Platzziffer in die Kreise ein.

2 In vielen Sätzen der Aufgabe 1 kommt das Wort *fahren* vor. Versuche möglichst oft ein anderes Verb zu finden. Es kann sein, dass du dazu den Satz etwas verändern musst.

Zuerst fährt man durch die Acht. _____

Dann fährt man direkt durch zwei andere Kurven, die aber viel weiter sind.
_____

Sie erklären, wie man fahren muss. _____

Danach fährt man vier enge Zickzackkurven.
_____

Jetzt fährt man um den dicken Kastanienbaum.
_____

Bevor man nun durchs Ziel fährt, nimmt man vom Tisch einen Schuhkarton und bringt ihn mit zum Ziel.

Sätze ergänzen, zeitliche Ordnung — **Berichten**

In die Pedale – fertig, los!

Boris, Karima, Dirk und Sandra _____ die erste Wettkampfgruppe. Boris _____ als Erster los. Er _____ fehlerfrei aus der Acht und dann die vier engen Kurven ziemlich schnell. Danach _____ er die beiden weiten Kurven und _____ auf die Kastanie zu. Boris _____ es sie eng zu umfahren und dann _____ er auf den Tisch zu. Er _____ scharf, _____ den Karton und _____ dann dem Ziel entgegen. Kurz vor dem Ziel _____ ihm der Karton aus der Hand und er _____ _____ .

| bilden bremsen durchfahren fahren greifen losradeln müssen rutschen |
| sausen sausen schaffen zurückfahren zusteuern |

1 Setze diese Verben in der richtigen Zeitform in den Text ein.

Sätze verbinden – Sätze zeitlich ordnen

Die letzten 50 m bin ich gespurtet.	*deshalb*	Wir haben die Staffel gewonnen.
Unsere Mannschaft gab ihr Bestes.	*aber* *dennoch*	Sie hat das Endspiel knapp verloren.
Der Schlussläufer ließ den Staffelstab fallen.	*weil* *obwohl* *da*	Die Staffel hat das Rennen verloren.
Das Fahrradturnier war ein großer Erfolg.	*wenn* *sodass* *darum* *denn*	Fast alle Teilnehmer haben eine Siegerurkunde erhalten.
Das Lesefest gefiel mir gut.		Viele Kinderbuchautoren habe ich kennen gelernt.

2 Verbinde mit Hilfe der Konjunktionen einzelne Sätze miteinander.

3 Gibt es auch mehrere Möglichkeiten?

4 Verändere die Reihenfolge von Haupt- und Gliedsatz innerhalb des Satzgefüges (siehe Startklar 6, S. 149).

Berichten   **Bericht schreiben**

Arbeitsgemeinschaften

An deiner Schule finden bestimmt auch Arbeitsgemeinschaften statt. Berichte über die Arbeit in einer AG (Arbeitsgemeinschaft).
Bevor du deinen Bericht schreibst, solltest du dir mit Hilfe der folgenden Fragen einige Informationen besorgen.

1. Womit beschäftigt sich die Arbeitsgemeinschaft?

2. Wer gehört zur Gruppe? Wie viele Teilnehmer hat sie?

3. Wo findet die AG statt?

4. Wann findet sie statt? Wie lange dauert sie?

5. Wie gefällt den Teilnehmern die AG?

6. Was ist das Besondere an der AG?

7. Schreibt den Kurzbericht.

Arbeitsgemeinschaften

Grammatik – Reflexion über Sprache

Wortarten – weiter auf Entdeckungsfahrt

1 Bilde zu den Verben die Zeitformen Perfekt und Plusquamperfekt.

entdecken   erfinden   erforschen   überleben   konstruieren
beweisen   finden   erfahren   umsegeln   erobern

Perfekt	**Plusquamperfekt**
ich	er, sie, es
du	sie
wir	
ihr	

2 Schreibe die Sätze im Plusquamperfekt auf.

Ich habe diesen Text am Computer getippt.
_____

Vor zehn Jahren schrieb man ihn noch mit der Schreibmaschine.
_____

Schreibmaschinen hat man seit dem 19. Jahrhundert benutzt.
_____

Später erfand man dann elektrische Schreibmaschinen.
_____

Im Mittelalter griff man noch zu Federn.
_____

Erst sehr viel später gab es Bleistift und Füller.
_____

............**Wortarten – weiter auf Entdeckungsfahrt**............
Verb: Perfekt, Plusquamperfekt

Blitzableiter und Papyrus

1 Bilde aus den Wörtern, Wortgruppen und Sätzen neue Sätze mit *nachdem*. Verwende in dem Teilsatz mit *nachdem* das Plusquamperfekt. Denke an das Komma.

das Komma / setzen / er – Er schrieb den Satz mit *nachdem* auf. Nachdem er das Komma gesetzt hatte, schrieb er den Satz mit *nachdem* auf.

___

das Geheimnis des Blitzes / entdecken / er – Benjamin Franklin konstruierte den ersten brauchbaren Blitzableiter.

___

man / erfinden / das Teleskop – Die Welt der Sterne und Planeten wurde erforscht.

___

Es konnten immer kleinere Computer gebaut werden. – 1947 / der Transistor / man erfinden

___

Das Auto trat seinen Siegeszug an. – 1886 / bauen / Carl Benz / das erste benzingetriebene Automobil

___

Morse / erster Telegraph / bauen – Man konnte Nachrichten über große Entfernungen übermitteln.

___

2 Findest du im folgenden Text die Sätze, die im Plusquamperfekt stehen? Unterstreiche sie und die Verbform zweimal.

Das Wort Papier stammt von dem Wort „Papyrus" ab.
Papyrus ist eine Schilfpflanze, die am Nil wächst.
Die Ägypter benutzten sie zum Schreiben.
Papier aber hatten die Chinesen schon lange vorher erfunden.
Ein Chinese namens Tsai Lun soll es aus der Rinde von Maulbeerbäumen hergestellt haben.
Aber schon viel früher hatten Menschen auf anderen Materialien geschrieben.
Im Mittelalter hatte man Papier aus Lumpen hergestellt.
Heute benutzt man zur Herstellung von Papier vor allem Holzfasern.

 Kannst du die anderen Zeitformen bestimmen?

Zeitformen der Vergangenheit und Zukunft — Wortarten – weiter auf Entdeckungsfahrt

Eine Frau entdeckt das Radium

Marie Curie setzte ihre Forschungen allein fort, nachdem ihr Mann Pierre starb.

Als sie das Licht ausschaltet, bemerkte sie das Leuchten.

Nachdem sie diese Elemente entdeckt, gab sie ihnen die Namen Radium und Polonium.

Marie Curie war froh, weil sie das Geheimnis der Radioaktivität entdeckt.

Nachdem sie diesen ersten Forschungserfolg erzielte, machte Madame Curie weitere sensationelle Entdeckungen.

1 In diesen Sätzen steckt immer ein Fehler. Verbessere sie und verwende in einem Teilsatz das Plusquamperfekt.

_____

_____

_____

_____

_____

Erfinderinnen und Erfinder von morgen

Die Tage des begabten Amateur-Erfinders _____.
Das Zeitalter der Erfinder mit nur geringen wissenschaftlichen Kenntnissen _____ mit Edison _____. Seine Forschungsergebnisse im Bereich der Elektrizität _____, die Grundlagen für die moderne Elektro- und Computertechnologie _____.
Die Erfinder der Zukunft _____ Mitarbeiter von Teams _____, die in perfekt ausgestatteten Labors _____. Vielleicht _____ die Erfinder von morgen aber auch Computer, die in gewisser Weise selber _____.

2 Setze passende Verben in der richtigen Zeitform ein. Du kannst nicht alle der Verben verwenden.

beenden beitragen denken erfinden ermöglichen forschen machen nummerieren rechnen schaffen sein überlegen werden zählen zu Ende gehen gezählt sein

Wortarten – weiter auf Entdeckungsfahrt **Futur**

Erfindungen gestern, heute, morgen

Noch nie sind so viele Erfindungen gemacht worden, wie im vergangenen Jahrhundert. Vielleicht gehen manche Träume der Menschen von heute schon in einigen Jahren in Erfüllung.

selbst denkende Computer	*neue Verkehrssysteme*
Reisen zu anderen Planeten	*umweltschonendere Motoren*
schadstofffreie Nahrung	*Energie sparendere Geräte*

Erfinderinnen – Techniker – Forscherinnen – Verbraucher – Menschen

erfinden benutzen konstruieren herstellen
einbauen unternehmen verwenden erzeugen

1 Schreibe Sätze in der Zeitform Futur auf.
Beispiel: *Techniker werden neue Computersysteme erfinden.*

_____

_____

_____

_____

_____

2 Verwende die folgenden Zeitangaben, die auf die Zukunft verweisen. Benutze nun die Zeitform Präsens.

schon bald   *in wenigen Jahren*   *in Zukunft*
      in einigen Jahren   *in Kürze*

Schon bald erfinden Techniker _____

In wenigen Jahren unternehmen _____

_____

_____

Zeitformen der Vergangenheit   **Wortarten – weiter auf Entdeckungsfahrt**

Von der Linse zum Mikroskop

Der Holländer Anton van Leeuwenhoek _____ kleine Linsen, die bis zu 270fach _____. Sein Landsmann Zacharias Janssen _____ das erste zusammengesetzte Mikroskop. Unter seinem Mikroskop _____ man bis dahin völlig unbekannte Dinge. Er _____ Wasserfliegen und andere winzige, im Wasser lebende Organismen. Mit Hilfe dieser Erfindung _____ er sogar Bakterien.

1 Ergänze die fehlenden Verben. Verwende das Präteritum.

erfinden   schleifen   vergrößern   sehen   entdecken   untersuchen

Die Erfindung des Buchdrucks

Um 1440 erfand (_____) Gutenberg, ein Mainzer Goldschmied, den Buchdruck mit beweglichen Lettern. Bei diesem Verfahren goss (_____) man die Buchstaben aus Metall. Dann hat man die Buchstaben in eine Form (die Fahne) gelegt (_____), auf diese Weise konnte (_____) man auch längere Wörter und Sätze bilden. Gutenberg konnte (_____) so verschiedene Buchseiten drucken und verwendete (_____) doch immer dieselben Lettern. Nachdem er den Buchdruck entwickelt hatte (_____), erfand (_____) er außerdem die Buchpresse.
Dabei hat ihm wohl die Traubenpresse der Winzer als Vorbild gedient (_____).
Die Gutenbergbibel ist (_____) wohl eines der schönsten Bücher, das er gedruckt hat (_____).

2 Bestimme die Zeitform der Verben. Schreibe den Namen in die Klammer.

Wortarten — **Pronomen**

Mäusegeschichten

1 In den folgenden Sätzen spielt Wiebke immer eine Rolle. Schreibe die Sätze so auf, als ob sie selbst spräche. Vermeide Wiederholungen von Nomen, indem du Pronomen einsetzt.

Wiebke besucht ihre Großeltern. Die Großeltern wohnen in einem Mehrfamilienhaus.

Ich besuche _____

_____

Wiebke hat ihre weiße Maus mitgenommen. Wiebke findet ihre Maus total süß.

_____

_____

Neben ihren Großeltern wohnt ein älterer Herr. In seine Wohnung flüchtet eines Tages Wiebkes Maus.

_____

_____

Dort findet die Maus endlich ihren geliebten Käse. Er liegt auf dem Frühstückstisch.

_____

_____

Die Großeltern und Wiebke können zu ihrem Glück die Maus wieder einfangen.

Wir _____

_____

2 In der folgenden Meldung fehlen die Pronomen. Trage sie ein.

Eine Maus verhinderte in Hannover den Start eines Jumbos. Eine Dame hatte sich im Flugzeug nach _____ Handtasche gebückt, als _____ neben _____ Tasche etwas Graues entdeckte. _____ hielt _____ zunächst für _____ Taschentuch. Sie wollte das Tuch aufheben, als _____ plötzlich in die Augen einer kleinen Maus sah. _____ sauste sofort davon, um _____ Haut zu retten. _____ kreischte vor Entsetzen und unter den Passagieren drohte eine Panik auszubrechen. Der Fluggesellschaft blieb keine andere Wahl, sie musste _____ Passagieren eine andere Maschine zur Verfügung stellen.

Mäusegeschichten

Pronomen — **Wortarten**

Besitzer gesucht

1 Schreibe immer einen zweiten Satz auf, in dem der Besitz deutlich gemacht wird.

Ich besitze ein neues BMX-Rad. Es ist _____.
Wir schenken dir einen Hamster. Er ist _____ Haustier.
Kathrin gewinnt einen CD-Spieler. Es ist _____.
Die Mannschaft gewinnt den Pokal. Es ist _____.
Ihr geht im nächsten Monat auf Klassenfahrt. Es ist _____
_____.

2 Noch mehr Possessivpronomen.

Zwei Flöhe warten auf einen Hund. Er wird _____ Taxi.
Eine Maus sucht ein Stück Gouda. Es ist _____ Lieblingsspeise.
Die Katze fängt eine kleine Spitzmaus. Sie wird _____ Nachtisch.
Der Kuckuck legt _____ Eier in fremde Nester.
Die Schwalben bauen _____ Nester an der Hauswand.
Wir haben einen Wellensittich und eine Katze. Es sind _____ Haustiere.
Du kaufst einige neue Schwertträger für _____ Aquarium.

3 In den folgenden Witzen fehlen Pronomen. Ergänze.

Ein Holzwurm kommt nach Hause. _____ sagt zu _____ Frau: „Im Lager ist eine Holzladung aus Peking angekommen. Wollen _____ heute Abend chinesisch essen gehen?"

Kea besucht mit _____ Mutter den Zoo. Die Mutter warnt: „Geh nicht so nah an die Eisbären. _____ bist schon erkältet."

Zwei Spiegeleier treffen sich in einer Bratpfanne. „Wie geht es _____?" „Ach, nicht so gut. Irgendwie fühle _____ _____ heute so zerschlagen."

Lehrer: „Torben, wie heißt die Vergangenheit von _____ wache auf?"
Torben: „_____ habe geschlafen, Herr Stöveken."

„Wie geht es _____, Frau Rohr?" „Ach, ganz gut. Nur still ist es bei _____ geworden, seit _____ Goldfisch tot ist."

Besitzer gesucht

Präpositionen – so'n Zirkus!

1 Setze passende Präpositionen in die Sätze ein.

Der Vogel fliegt _____ den Wagen.
Die Katze sitzt _____ dem Dach.
Der Hund schäft _____ dem Wagen.
Der Tiger ruht _____ seinem Käfig.
Der Dompteur steht _____ der Wagentür.
Der Vogel spottet _____ die Katze.
Die Katze wartet _____ auf ihre Chance.
Der Hund leidet _____ der Hitze.
Der Tiger legt sich _____ den Schatten.
Der Dompteur denkt _____ die Vorstellung.

2 Ergänze die Sätze durch passende Präpositionen und setze das Nomen in der Klammer in den richtigen Fall (Kasus).

Die Kinder haben _____ (der Tiger) Angst.
Die Erwachsenen staunen _____ (die geschmeidigen Bewegungen) des Tieres.
Der Dompteur lenkt die Aufmerksamkeit der Raubkatze _____ (der Feuerreifen).
Er fordert den Tiger _____ (ein Sprung) auf.
Die Raubkatze aber sträubt sich _____ (der Befehl) des Dompteurs.
Die Zuschauer bangen um _____ (die Sicherheit) des Dompteurs.
Der beruhigt den Tiger _____ (sanfte Stimme).
Dann springt die Raubkatze _____ (der Reifen).

durch zu um vor mit hinter gegen in an über auf unter

Präpositionen: Dativ, Akkusativ **Wortarten** **41**

| wo? | in an auf über zwischen | wohin? |
| Dativ | unter zwischen vor neben | Akkusativ |

3 Setze den Artikel im richtigen Fall ein.

auf _____ Podium	auf _____ Manegenrand	vor _____ Leuten
vor _____ Publikum	in _____ Tunnel	in _____ Käfig
hinter _____ Gitterstäben	hinter _____ Absperrung	
auf _____ Schwebebalken	auf _____ Podest	über _____ Kopf
über _____ Balken		

Die Zirkuskapelle spielt _____.
Der Clown Mo jagt seinen Freund _____.

Dann machen sie _____ ihre Späße.
Zur gleichen Zeit stellen die Helfer den Raubtierkäfig _____.

Zum Spaß kriecht Mo _____.
Nun befindet er sich _____.

Da sieht Mo _____ die Löwen auftauchen.
Schnell rettet er sich _____.

Der größte Tiger springt _____.
Ein weißer Tiger sitzt _____.

_____ schwingt der Dompteur die Peitsche.
Er geht als Nächster _____.

4 Verbindet die Satzsplitter zu einem vollständigen Satz.
Überlegt genau, welche Präposition ihr verwenden müsst.
Gibt es auch mehrere Möglickeiten?

Affe Matrosenanzug erscheint Manege   Der wirft Schirm Füße

Drahtseil baut auf Eingang Assistent   Dompteur wieder drückt Schirm Hand Affe

Dompteur gibt Affe Schirm Pfote   Nun Affe läuft Seil

Affe steigt Leiter Seil   Am Ende springt er Boden

Er keine Lust hat Seil zu gehen   Publikum klatscht Begeisterung das Kunststück

Dompteur schimpft Affe   Dompteur ist glücklich Applaus

Am Start – die Konjunktionen

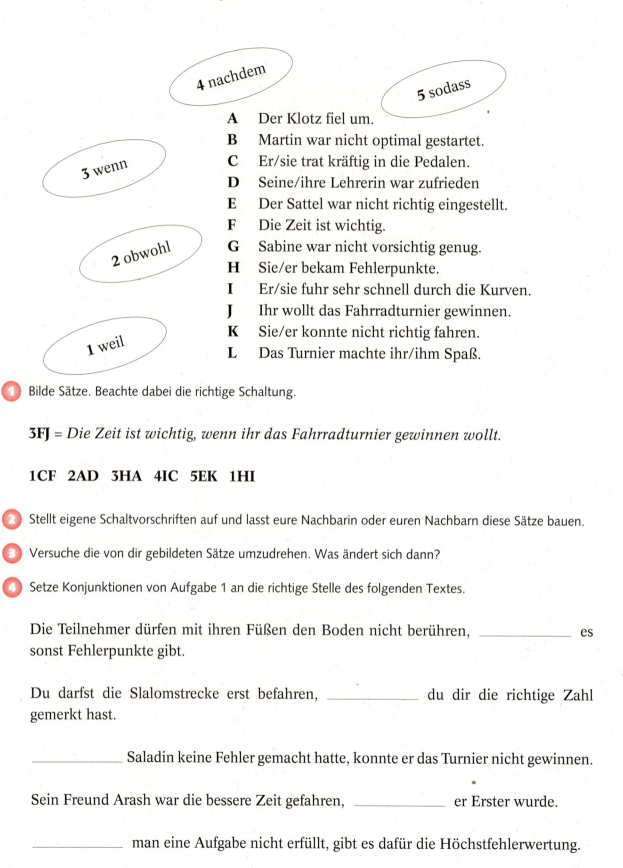

A	Der Klotz fiel um.
B	Martin war nicht optimal gestartet.
C	Er/sie trat kräftig in die Pedalen.
D	Seine/ihre Lehrerin war zufrieden
E	Der Sattel war nicht richtig eingestellt.
F	Die Zeit ist wichtig.
G	Sabine war nicht vorsichtig genug.
H	Sie/er bekam Fehlerpunkte.
I	Er/sie fuhr sehr schnell durch die Kurven.
J	Ihr wollt das Fahrradturnier gewinnen.
K	Sie/er konnte nicht richtig fahren.
L	Das Turnier machte ihr/ihm Spaß.

(Konjunktionen: 1 weil, 2 obwohl, 3 wenn, 4 nachdem, 5 sodass)

1 Bilde Sätze. Beachte dabei die richtige Schaltung.

3FJ = *Die Zeit ist wichtig, wenn ihr das Fahrradturnier gewinnen wollt.*

1CF 2AD 3HA 4IC 5EK 1HI

2 Stellt eigene Schaltvorschriften auf und lasst eure Nachbarin oder euren Nachbarn diese Sätze bauen.

3 Versuche die von dir gebildeten Sätze umzudrehen. Was ändert sich dann?

4 Setze Konjunktionen von Aufgabe 1 an die richtige Stelle des folgenden Textes.

Die Teilnehmer dürfen mit ihren Füßen den Boden nicht berühren, _____ es sonst Fehlerpunkte gibt.

Du darfst die Slalomstrecke erst befahren, _____ du dir die richtige Zahl gemerkt hast.

_____ Saladin keine Fehler gemacht hatte, konnte er das Turnier nicht gewinnen.

Sein Freund Arash war die bessere Zeit gefahren, _____ er Erster wurde.

_____ man eine Aufgabe nicht erfüllt, gibt es dafür die Höchstfehlerwertung.

Am Start – die Konjunktionen

Konjunktionen **Wortarten** **43**

Obwohl es bei dieser Aufgabe auf die Zeit ankommt, darfst du keine Slalomstange auslassen.

Du darfst erst bremsen, nachdem du die Linie überfahren hast.

Bevor du die Spur wechselst, musst du dich umsehen.

Wenn du dich umsiehst, erkennst du die Zahl, die du dir merken sollst, bis du im Ziel danach gefragt wirst.

Es gibt hier die meisten Fehlerpunkte, weil diese Aufgabe große Fahrkünste erfordert.

Du fährst auf das Schrägbrett zu, nachdem du die Acht verlassen hast.

5 Unterstreiche die Konjunktionen in diesem Text farbig. Male das Komma mit einer anderen Farbe nach.

6 Welche Konjunktionen kannst du durch eine andere ersetzen?

Konjunktionen – immer noch ein Rätsel?

15 2 23 15 8 12   23 5 14 14
2 5 22 15 18   4 5 14 14
19 15 4 1 19 19   23 5 9 12
14 1 3 8 4 5 13   4 5 19 19
23 1 5 8 18 5 14 4   15 2

7 Welche Konjunktionen verbergen sich hinter dem Zahlengewirr?

Schüttelreime und weggeschüttelte Konjunktionen:

Ich freue mich auf morgen sehr,　　　　　　 _____ kalter Regen niederfließt,
_____ hab ich keine Sorgen mehr.　　　　 der Sperling jetzt im Flieder niest.

Der Klaus will nichts vom Baden wissen,　　 Es klapperten die Klapperschlangen,
_____ ihn die Krebse in die Wade bissen.　 _____ ihre Klappern schlapper klangen.

Ein Pferd will oft nicht, wie die Reiter wollen,
_____ es wirft sie ab _____ lässt sie weiterrollen.

8 Ergänze die fehlenden Konjunktionen.

44 Satzglieder

Manege frei für die adverbiale Bestimmung*

Vater und Mutter Busch sitzen mit ihren Kindern Benedikt und Caroline am Mittagstisch. Frau Busch beginnt das Gespräch:

① Welche W-Fragen stellen die Familienmitglieder zu Frau Buschs Ausflugsideen? Formuliere die passenden W-Fragen und schreibe sie in die Sprechblasen.

② Unterstreiche in Frau Buschs Antworten die Satzglieder, die auf die Fragen der Familienmitglieder genaue Auskunft geben.

••••••••••••• **Manege frei für die adverbiale Bestimmung*** •••••••••••••

* Zur Erinnerung: Ein Satz kann mehrere Satzglieder enthalten.
Satzglieder, die die Umstände eines Geschehens genauer benennen, heißen **adverbiale Bestimmungen**.

Adverbiale Bestimmung   **Satzglieder**

Am Sonntagmorgen steht Familie Busch vor der großen Informationstafel im Zoo.

„Die Seehunde werden in einer halben Stunde gefüttert. Wir sollten zuerst zu den Seehunden gehen. Um 13 Uhr findet im Delphinarium eine Vorstellung statt. Das müssen wir uns anschauen. Das Delphinarium ist in der Nähe des Seehundbeckens." „Die Elefantendressur beginnt um 15 Uhr im Freigehege," liest Frau Busch, nachdem Benedikt seine Wünsche geäußert hat. „Anschließend könnten wir ins Affenhaus gehen", schlägt Herr Busch vor. „Danach will ich aber endlich auf die Streichelwiese", meldet sich Caroline. „Dann wird es auch Zeit für eine Pause im Zoo-Restaurant", meldet sich Frau Busch. „Nach der Pause müssen wir unbedingt zu meinen Lieblingstieren, den Wüstenschiffen, gehen", erklärt Herr Busch. „Und jetzt sofort will ich zum Spielplatz!", erklärt Caroline der Familie.

3 Unterstreiche in den Sätzen der Familie Busch die adverbialen Bestimmungen.

4 Entscheide jeweils, ob es sich um adverbiale Bestimmungen des Ortes oder der Zeit handelt.

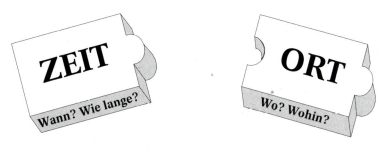

5 Das Wüstenschiff, Herrn Buschs Lieblingstier, ist ein _____ .

Satzglieder **Adverbiale Bestimmung**

(1) Als Familie Busch das Seehundbassin erreicht, stehen schon viele Menschen am Beckenrand.

(2) Benedikt findet _____ einen freien Platz.

(3) _____ klettert er auf den Beckenrand.

(4) Die Seehunde gleiten mit spielerischer Leichtigkeit durch das Wasser.

(5) Benedikt folgt _____ den dunklen Schatten.

(6) „Benedikt!", ruft die Mutter, die hinter ihm steht. „Komm von dem Beckenrand herunter!"

(7) Der Vater zeigt auf ein Schild: „Bitte keine Gegenstände in das Becken werfen."

(8) Dann erklärt er: „Die Tiere schlucken die Gegenstände und verenden unter großen Qualen."

(9) Benedikt hört seinem Vater kaum zu, er erwartet _____
den Beginn der Fütterung.

6 Ergänze in den Sätzen 2, 3, 5 und 9 die fehlenden adverbialen Bestimmungen. Überlege genau, welche der oben stehenden adverbialen Bestimmungen sinnvoll in welchen Satz eingefügt werden können. Was ändert sich in der Aussage der Sätze?

Rechtschreiben

Doppelvokal: Aal in Gelee

AA: Aal Aas Saal Paar paar Haar Waage Saat

OO: Moor Boot Zoo doof Moos

EE: Meer leer Teer Tee See Klee Fee Beere Kaffee Schnee Idee Seele Gelee Meerrettich Meerschweinchen Heer Beet

UU: Gibt es nicht!

 Welche Wortarten werden mit Doppelvokal geschrieben?

⭐ Bildet zusammengesetzte Nomen mit Doppelvokal. Es dürfen auch Fantasiewörter sein: *Meerrettichbeet*.

 Bildet Sätze mit Doppelvokalwörtern: aa, ee, oo.
Im Schnee am See trank die Fee...
Wer kann den längsten Satz bilden?

⭐ Schreibt eine Doppelvokalgeschichte:
– *Fee im Schnee*
– *Aal im Saal*
– *Moos im Zoo*
– *Fee und Aal im Moor*

Doppelvokal: Aal in Gelee
Langer Vokal

48 Rechtschreiben — Langer Vokal

Langer Vokal mit h

```
S O H N X T O H R I R
Z E W O K C H X U H E
D J Y V U N N T H R Y
S T R O H L E M R N E
G U A X Y Z W R K S H
E K T H L A F A H N E
H U R S L B H R V F N
E H M R N L C X E U V
N L Ü O M R U T R H T
X E H H L H A H N R X
A P E R P N E H M E N
```

- oh -   - ih -
   - ah -
- eh -   - uh -

1 In diesem Füllrätsel sind 16 Wörter mit *h* versteckt. Markiere sie.

2 Schreibe sie auf und ergänze deine Liste.

ah: _____

_____

eh: _____

_____

oh: _____

_____

uh: _____

_____

Langer Vokal mit h

Ähnliche Konsonanten

1 Aus der Verbindung eines Verbs mit einem Nomen entsteht ein neues Nomen (*treiben + Stoff = Treibstoff*).

Verben: *graben hupen kleben loben pumpen rauben schieben tippen weben*

Nomen: *Karre Konzert Lieder Schein Stein Stoff Stuhl Tier Werk*

2 Schreibe die Nomen auf und trage sie in den Kasten ein.

das _____

das _____

das _____

der _____

der _____

der _____

der _____

die _____

die _____

3 Ergänze in den folgenden Wortbestandteilen *d* oder *t*.

Haup __ wor __

Nach __ schich __

San __ stran __

Ta __ bestan __

Wor __ bil __

Lan __ wir __

No __ verban __

Sü __ win __

Win __ lich __

Zuch __ rin __

4 Zerlege die zusammengesetzten Nomen von Aufgabe 3 in ihre Einzelwörter. Ordne die Wörter mit *d* und *t* alphabetisch.

Rechtschreiben — ähnliche Konsonanten

5 A + B = C – Silbenrätsel

A	+	B	=	? C ?	
BLINK		HAUS		_____	Richtungsanzeiger
FANG		KAMPF		_____	Teil eines Autos
FLUG		LICHT		_____	schlecht riechendes Lebewesen
FUNK		NETZ		_____	besonderer Zeitmesser
KLANG		RAD		_____	sportliches Kräftemessen
LENK		STAB		_____	musikalisches Lebewesen
MERK		TIER		_____	Teil eines Freibades
PARK		TURM		_____	benutzt ein Angler
RING		UHR		_____	hilft gegen das Vergessen
SING		VOGEL		_____	Verkehrsmittel
SPRUNG		ZETTEL		_____	hier stellt man Autos ab
STINK		ZEUG		_____	Teil eines Instrumentes

6 Ergänze die fehlenden Buchstaben der Adjektivsammlung.

hefti   trauri   beachtli   gefährli   schließli   ungemütli   sämtli
getreuli   sahni   steini   ruhi   genüssli   freudi   dursti

7 Bilde die Verlängerung zu den Adjektiven und trage sie nach dem folgenden Muster in diese Liste ein:

-ig		-ich	
Grundform	**Verlängerung**	**Grundform**	**Verlängerung**
rosig	*rosige*	*wirklich*	*wirkliche*

8 Ergänze die Liste durch eigene Beispiele.

s-Laute   Rechtschreiben

Zwei Laute – drei Schriftzeichen

Silbenrätsel

bis–flüs–Kes–küs–mes–Nüs–pras–ris–Schlös–se–sel–seln–Mas
wis–Schlüs–pas–sen–sen–ser–sig–sig–sig–sen–sel–se–sen

1 Die Silben kannst du zu jeweils drei zweisilbigen Nomen, Verben und Adjektiven zusammenfügen.
Am einfachsten ist es, wenn du mit den Nomen beginnst.

Schreibe die Wörter nach Wortarten geordnet auf.

Nomen	Verben	Adjektive

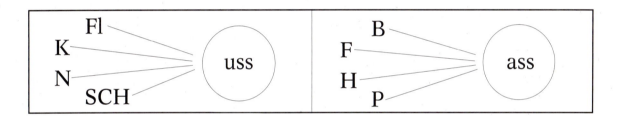

2 Bilde die Wörter und schreibe sie mit einer verlängerten Form auf (Plural/Verb).

3 Ein Suchsel – wer findet die meisten Wörter mit *ss*?

KATERARBLAUMANNIMBROTT _____

LKASSEIWASSEREISRISSEE _____

MASUTSOISFASAHRKASTOHE _____

ASSEUSESSELSSCHÜSSEHPP _____

SBEAMERSELBESCASSEHLÄF _____

SCHTONNENDENEHSSENLESA _____

EDELROTNÜSSELASELKENSN _____

OFLÜSSETUBEWAGENKENNEN _____

BOSSETNINSASSENOKLASSE _____

Zwei Laute – drei Schriftzeichen

Rechtschreiben — s-Laute

4 Kannst du die passenden Steine einsetzen?

Fü		Klö		So		Grö	
	grü		schlie		bei		
flie		spa		Stö		sa	
	Sträu		Stra		flei		
spa		grü		hei		gie	

| -ße | -ßig | -ßen |

5 Bilde von den Nomen die Singular- oder Pluralform.

6 Bilde von den Verben eine Personalform mit der 3. Person Singular *(er – sie – es)*.

7 Sieh dir die Bildersammlung eine Weile an. Decke sie dann zu und schreibe ihre Namen auswendig auf. Überprüfe die richtige Schreibweise.

 Für Könner – Achtung Falle!!

der Spa___ spa___ig	pre___en die Pre___luft	bei___en das Gebi___	na___ die Nä___e
genie___en der Genu___	Flü___e flie___en	verbla___en bla___	bewä___ern das Wa___er
rei___en der Ri___	aufpa___en pa___ auf!	begrü___en der Gru___	wi___en gewu___t
me___en das Me___gerät	das Gefä___ fa___en	Nu___ die Haselnü___e	ha___en hä___lich

s-Laute **Rechtschreiben**

Endungen auf -s

1 Welche Silben passen zusammen? Schreibe sie auf.

| At- Kennt- Glo- Wag- Il- Kür- Auto- Zir- Zeug- Kur- |
| -bis -bus -nis -bus -nis -kus -nis -las -sus -tis |

_____

_____

_____

_____

2 Trage neun Nomen ein.

3 Schreibe auch die Pluralformen zu allen Nomen aus Aufgabe 1 auf.

4 In einigen Fällen gibt es zwei unterschiedliche Pluralformen.
Schlage im Wörterbuch nach.

1 Kartensammlung _____

2 hier treten Clowns auf _____

3 Modell der Erdkugel _____

4 Zensurensammlung _____

5 Verkehrsmittel _____

6 Frucht _____

7 Frühlingsblume _____

8 kleines Raubtier _____

9 stachelige Pflanze _____

Endungen auf -s

Wenn Riesen reisen

_____
_____
_____
_____
_____
_____
_____

1 Lies den folgenden Text aufmerksam durch. Schreibe ihn dann Zeile für Zeile auswendig oben auf. Beginne mit der untersten Zeile. Gehe folgendermaßen vor: Ansehen, abdecken, aufschreiben. Vergleiche zum Schluss deinen Text mit der Vorlage und berichtige deine Fehler.

Zunächst rasten sie den Fluss hinab.
Strömung treiben lassen.
mussten sie sich von der reißenden
Weil sie die Ruder vergessen hatten,
das sie aufgeregt zu Wasser ließen.
Sie bauten sich hastig ein großes Floß,
eine Reise nach Australien zu unternehmen.
Deshalb beschlossen sie,
in ihrem Riesenhaus zu versauern.
Die sieben Riesen hatten es satt

2 Fülle die Lücken mit der richtigen s-Schreibung. Vergleicht eure Lösungen. Seht bei Zweifelsfällen im Wörterbuch nach.

Schlie__lich erreichte das seltsame Gefährt die Mündung des Flu__es. Die Rie__en waren nun schon lange unterweg__ und meinten, sie mü__ten etwas e__en. Aber in ihrer Ha__t und Eile hatten sie nicht nur die Ruder, sondern auch die Verpflegung verge__en. Der kleinste von ihnen, der nur drei Meter gro__ war und de__halb „Kleiner" genannt wurde, hatte wenigsten__ ein Kochbuch dabei und la__ den anderen ein bi__chen darau__ vor. Als er an die Stelle mit dem Vanilleei__ und der Schokoladenso__e kam, lief allen Rie__en das Wa__er im Munde zusammen.

3 Diktiert euch den Text satzweise.

Hast du gewusst, dass ...

 Hast du gewusst, dass

Ein Schmutzfink kann nicht fliegen

 Findest du es auch komisch, dass

SCHMUTZFINK DRECKSPATZ DRAHTESEL STAHLROSS
KINDERGARTEN SCHLÜSSELBLUME LESERATTE BÜCHERWURM
WASSERHAHN GLÜCKSPILZ BILDSCHIRM ZÜNDKERZE
OHRFEIGE WOLKENKRATZER

 Es ist klar, dass

Ein Wasserhahn kann nicht krähen

Ich weiß, dass

1 Bilde mit den Sprechblasen und den Nomen *dass*-Sätze.

   Beispielsatz: *Findest du es auch komisch, dass sich ein Wolkenkratzer nicht kratzen kann?*

2 Bilde weitere *dass*-Sätze. Achte darauf, dass die beiden Sätze (Hauptsatz und Gliedsatz) durch ein Komma getrennt werden müssen.

ich glaube / wir können im Sommer Urlaub machen.
Ich glaube, dass wir im Sommer Urlaub machen können.

Schüler hoffen / keiner auf die Idee kommt die Ferien zu kürzen
wir wissen / Sätze mit *dass* nicht immer einfach sind
Eltern erwarten / ihre Kinder in der Schule etwas lernen
Lehrer rechnen damit / Schüler bei ihnen etwas lernen

Wer trennt, ist selbst schuld!

Trotzdem – man sollte die Regeln zur Trennung von Wörtern kennen.
Einiges kannst du durch deutliches Sprechen herausfinden.

1 Sprich deutlich und suche ähnliche Wörter.

Töp-fe　　　　　　　　　　　*lei-se*
Kat-ze　　　　　　　　　　　*woh-nen*
Eb-be　　　　　　　　　　　*Ba-na-ne*

geschlossene Silben　　　　　　offene Silben

*Als er bremste, rutschte der Laster, und dann brauchten wir Pflaster.
Das war nicht lustig, sondern eher lästig.*

2 Zerlege die Wörter in ihre Sprechsilben. Nach den neuen Rechtschreibregeln muss *st* getrennt werden, z. B.: *Fens-ter, Wes-te*.

3 Suche Reimwörter und beachte die Silbentrennung.

Ha - cke　　Lü - cke　　He - cke　　Lo - cke

4 Verfahre für das *sch* und das *ch* wie bei Aufgabe 3.

Su - che　　Ti - sche　　Ta - sche　　la - chen

Ein einzelner Vokal am Wortanfang kann abgetrennt werden.

5 Trenne folgende Wörter:

aber　abends　oben　Ofen　Ober　Abenteuer　Elefant
elegant　Oper　Ufer　Oma　Esel　Iris　Imitation

Zeichensetzung   **Rechtschreiben**

Sportass gesucht!

– der gesuchte Sportler hat auffällig rotes Haar
– er war lange die Nr. 1 auf der Weltrangliste
– als jüngster Spieler aller Zeiten gewann er das Wimbledon-Turnier
– heute ist er als Hallenspezialist berühmt
– früher siegte er häufiger auf Rasenplätzen
– er lebt in München
– einige Jahre verbrachte er in Monaco
– zu seiner Familie gehören seine Frau und sein Sohn
– sein Sohn ist noch nicht schulpflichtig
– er will Deutschland wieder verlassen

Das Sportass heißt _____ _____ .

Im Text fehlen alle Satzzeichen.

1 Gestalte den Text durch die Zeichensetzung (Punkte, Kommas …)
Tipp: Schlage im Sprachbuch Startklar 6 ab Seite 146 nach.

_____
_____
_____
_____
_____
_____
_____
_____

2 Schreibe ähnliche Aussagen über berühmte Menschen auf.

Sportass gesucht!

Mitten in der Nacht

Obwohl es schon lange nach Mitternacht war, waren meine Eltern
noch nicht zurück. Sie feierten mit Freunden, weil …
Ich war allein geblieben, …
… ich erwachte, war alles …
während …, dass …, damit …, wenn …, als …,

1. Schreibe den Anfang dieser Geschichte auf und ergänze sie.
   Verwende die angegebenen Konjunktionen (Bindewörter), um die Sätze miteinander zu verbinden.

2. Du kannst die Geschichte fortsetzen.

3. Achte auf das Komma, unterstreiche die Konjunktionen und die Prädikate.

Zeichensetzung   **Rechtschreiben**

Satzverbindung – Satzgefüge

1 Ergänze die folgenden Haupt- oder Gliedsätze. Dabei sollst du selbst gefundene Sätze voranstellen, sodass entweder eine Satzverbindung oder ein Satzgefüge entsteht.

… obwohl es schon spät war.   … dennoch kommst du mit.
… damit wir daheim bleiben können.   … als es klingelte.
… und sie reisten weiter.   … weil es morgen regnet.
… weil ich Hunger habe.   … wenn du hier bleibst.
… dass er gewinnt.   … wenn ich morgen gewinne.
… während ich in der Schule war.   … aber ich kam zu spät.

2 Unterstreiche in deinen Sätzen den Hauptsatz.

Ein Unfall

Nico besucht seinen Freund Torben. Dabei beobachtet er einen Verkehrsunfall. Er erzählt seinem Freund davon.

An dem Unfall war vielleicht der BMW schuld, weil er ohne Signal zu geben mitten auf der Straße hielt.
Ich hatte gerade in den 7. Gang geschaltet, als der rote Golf vor mir bremste, aber er fuhr krachend auf den BMW auf.
Der vordere Kotflügel seines Golfs war so eingebeult, dass der Fahrer fast heulen musste.
Es passiert oft, dass Leute am Steuer einfach schlafen.
Die Polizei erkundigte sich nach Zeugen, da sie den Schuldigen ermitteln wollte.
Wenn ich mich mal hinter's Steuer setze, passe ich besser auf!

 Unterstreiche in den Satzgefügen jeweils die Subjekte, die Prädikate und die Konjunktionen. Bestimme jeweils den Hauptsatz und den Gliedsatz.

Satzverbindung – Satzgefüge

Rechtschreiben — Zeichensetzung – wörtliche Rede

Riesentraum und Riesenhunger

Einmal hatte der kleinste der sieben Riesen einen Traum dieser Traum hatte ihn aber so ermüdet dass er sogleich wieder einnickte dieses Mal aber träumte er lauter Unsinn oder doch nicht
Die sieben Riesen kehrten von ihrer Reise zurück die sie fast um die ganze Welt geführt hatte sie beschlossen erst einmal zu essen und setzten sich an einen Tisch der bereits gedeckt war.
Auf ihm türmten sich riesige Berge mit den tollsten Speisen weil niemand der Letzte sein wollte stürmten alle Riesen fast zur gleichen Zeit an den Tisch.
Der kleine Riese wollte gerade Platz nehmen aber da spürte er einen Knuff in die Seite. Seine Mutter hatte ihn geweckt damit er endlich zum Essen kommt.

1 Während des Traums hat dieser Text einige Zeichen verloren.
Überprüfe ihn und setze die fehlenden Zeichen. Denke daran, Satzanfänge großzuschreiben.

Du hast jetzt lange genug geschlafen sagte die Riesenmutter.

Der kleine Riese rieb sich die Augen und gähnte Ach, ich bin doch noch so müde.

Und außerdem habe ich gerade so schön von einem festlichen Essen geträumt

fügte er hinzu.

Das kannst du haben erwiderte seine Mutter.

Wirklich? Und das ist nicht geträumt? fragte er.

Für deinen kleinen Riesenhunger lachte die Mutter wird die kleine Wanne „spaghetti gigante" schon reichen.

Mama ertönte in diesem Augenblick ein Schrei aus der Küche.

Hörst du rief die Mutter deine Geschwister haben auch Hunger. Los, komm, sonst bleibt für dich nur eine menschenkleine Portion übrig.

2 In diesem Text wird viel geredet. Unterstreiche die Redeteile.

3 Außerdem fehlen die Zeichen der wörtlichen Rede. Setze sie ein. Vergleicht eure Lösungen.

Partnerdiktate

Ein kurzer Besuch

An einem Morgen in den Ferien wachte ich von einem lauten Knall an der Fensterscheibe auf. Ich sprang erschreckt aus dem Bett, zog das Rollo hoch und sah hinaus. Nichts! Ich legte mich wieder hin, aber da knallte es erneut. Ich lief hinaus und fand einen kleinen Vogel, der benommen im Garten lag. Vorsichtig nahm ich ihn und setzte ihn ins Gras. Dann stellte ich eine Schale mit Wasser daneben und ging wieder ins Haus. Bald wurde der Vogel munter. Er hüpfte hin und her, trank etwas Wasser und flog plötzlich davon. (95 Wörter)

Eine unheimliche Nacht

Als ich noch ein kleines Kind war, wachte ich einmal in der Nacht durch ein Geräusch auf. Was war denn das? Ich hörte ein Stöhnen. Als es aber plötzlich aufhörte, bekam ich Mut. Ich stand auf und schaltete das Licht an. In meinem Zimmer war nichts zu entdecken. Dann schaute ich in den Flur. Durch den Türspalt sah ich, wie sich etwas im Wäschekorb bewegte. Vorsichtig nahm ich die Wäsche heraus. Darunter lag Waldi, unser kleiner Hund, und schlief. Schnell brachte ich ihn in seinen Korb und konnte nun endlich weiterschlafen. (94 Wörter)

Die arme Maus

Seit zwei Stunden sitzt eine Katze unbeweglich vor einem Mauseloch. Sie hat Hunger und möchte die Maus fangen. Die Maus hat auch Hunger und möchte ihr Loch verlassen. Aber jedesmal, wenn sie die Nasenspitze heraussteckt, hört sie das Miauen der Katze und zieht sich zurück.
Aber schließlich, als die Maus wieder an die Öffnung kommt, hört sie: „Wau, wau, wau!" Sie denkt: „Das ist nur der Hund, die Katze ist jetzt weg."
Sie verlässt ihr Loch und spürt sofort die Zähne der Katze im Nacken. Arme kleine Maus!
Als die Katze die Maus aufgefressen hat, stellt sie voll Zufriedenheit fest: „Manchmal ist es sehr nützlich, wenn man Fremdsprachen beherrscht." (112 Wörter)

Rechtschreiben — Partnerdiktate

Eine Klassenfahrt

Jede Klassenfahrt ist eine ganz besondere Sache. Schon Wochen vorher machen die Schüler Pläne für den Aufenthalt in der fremden Umgebung. Auch die Lehrer bereiten die Fahrt vor. Alle sind aufgeregt und freuen sich auf den Tag der Abreise. In diese Vorfreude mischt sich bei Eltern und Lehrern immer auch ein wenig Besorgnis. Sie wissen, was auf einer Fahrt alles passieren kann: Krankheiten, Unfälle, Schüler bekommen Heimweh. Wenn aber alle mithelfen, dass die Klassenfahrt zu einem Erlebnis wird, gibt es danach viel zu erzählen. Oft entstehen auch neue Freundschaften innerhalb der Klasse oder es bildet sich eine richtige Klassengemeinschaft. (98 Wörter)

Die Hose als Retter

Der feste Stoff seiner Hose rettete einen Fensterputzer in Frankfurt vor dem Sturz aus dem zehnten Stock eines Hochhauses. Der Mann war auf dem Fensterbrett ausgerutscht und an einem Haken mit seiner Hose hängen geblieben. Ein aufmerksamer Polizist bemerkte den Hilflosen vom Bürgersteig aus, weil der Fensterputzer mit beiden Armen winkte und laut schrie. Der Polizist holte den Hausmeister zu Hilfe und sie brachen die verschlossene Wohnungstür auf. Für alle Fälle fuhr ein zufällig in der Nähe befindlicher Lastwagen, der Matratzen geladen hatte, unter das Fenster. Die tatkräftigen Helfer konnten den bereits Bewusstlosen retten. (98 Wörter)

Zu kurz

Nach den Ferien, das wissen alle in der Klasse, müssen sie bei ihrer Deutschlehrerin einen Aufsatz über ihre Erlebnisse in den Ferientagen schreiben.
Es schellt. Die Lehrerin betritt die Klasse. „Nun erzählt mir mal, was ihr in den letzten Wochen erlebt habt." Alle werfen sich vielsagende Blicke zu. Keiner meldet sich. Niemand versucht eine Antwort zu geben.
„Nun, Lisa", wendet sich die Lehrerin ihrer besten Schülerin zu, „wie waren denn deine Ferien?" Lisa seufzt und sagt: „Wunderschön." Die Lehrerin schaut sie fragend an. Lisa reagiert schnell. „Wunderschön, aber viel zu kurz, um darüber einen Aufsatz zu schreiben!" (99 Wörter)

1 Lest euch die Texte genau durch und diktiert euch dann gegenseitig entweder einzelne Sätze oder einen ganzen Absatz.

Lösungen

Lösung zu Seite 5:
Kinderquatsch

Lösung zu Seite 25, Aufgabe 2:
anmalen – färben – tönen; einkratzen – gravieren – ritzen; aufheizen – erhitzen – erwärmen; aussägen – ausschneiden – abtrennen; leimen – kleben – kleistern; falten – knicken – umschlagen; glätten – schleifen – schmirgeln; krümmen – biegen – verformen

Lösung zu Seite 30:
Für ihr Sommerfest …; Marie und Janos …; Sie erklären, …; Zuerst fährt …; Dann fährt man ….; Jetzt fährt man …; Nachdem man das …; Bevor man …; Wenn man …

Lösungen zu Seite 37, Aufgabe 1:
schleifen, vergrößern, erfinden, entdecken, sehen, untersuchen.

Aufgabe 2:
erfand: Präteritum, *goss:* Präteritum, *hat gelegt:* Perfekt, *konnte:* Präteritum, *verwendete:* Präteritum, *entwickelt hatte:* Plusquamperfekt, *erfand:* Präteritum, *hat gedient:* Perfekt, *ist:* Präsens, *gedruckt hat:* Perfekt.

Lösungen zu Seite 41, Aufgabe 3:
Die folgenden Sätze sind Lösungsvorschläge. Du kannst auch andere Sätze bilden. Wichtig ist, dass du den Artikel richtig einsetzt.
Die Zirkuskapelle spielt *auf dem Podium*. Der Clown Mo jagt seinen Freund *auf den Manegenrand*. Dann machen sie *vor den Leuten* ihre Späße. Zur gleichen Zeit stellen die Helfer den Raubtierkäfig *vor das Publikum*. Zum Spaß kriecht Mo *in den Tunnel*. Nun befindet er sich *in dem* (besser: *im*) *Käfig*. Da sieht Mo *hinter den Gitterstäben* die Löwen auftauchen. Schnell rettet er sich *hinter die Absperrung*. Der größte Tiger springt *auf den Schwebebalken*. Ein weißer Tiger sitzt *auf dem Podest*. *Über seinem Kopf* schwingt der Dompteur die Peitsche. Er geht als Nächster *über den Balken*.

Aufgabe 4:
Ein Affe im Matrosenanzug erscheint in der Manege.
Am Eingang baut der Assistent ein Drahtseil auf.
Der Dompteur gibt dem Affen einen Schirm in die Pfote.
Der Affe steigt auf die Leiter und auf das Seil.
Er hat keine Lust auf dem Seil zu gehen.
Der Dompteur schimpft mit dem Affen. Der wirft ihm den Schirm vor die Füße.
Der Dompteur drückt den Schirm wieder in die Hand des Affen.
Nun läuft der Affe auf dem Seil. Am Ende springt er zu Boden.
Das Publikum klatscht vor Begeisterung über das Kunststück.
Der Dompteur ist glücklich über den Applaus.

Lösungen zu Seite 43, Aufgabe 6:
obwohl, bevor, sodass, nachdem, während, wenn, denn, weil, dass, ob

Aufgabe 7:
dann habe ich keine Sorgen mehr. *Wenn* kalter Regen … *weil* ihn die Krebse … *bis* ihre Klappern … *denn* es wirft sie ab *und* lässt sie weiterrollen.

Lösung zu Seite 45, Aufgabe 5:
Das „Wüstenschiff" ist ein Kamel.

Lösung zu Seite 46, Aufgabe 6:
(2) nach längerem Suchen; (3) aus Übermut; (5) mit staunenden Augen; (9) mit Ungeduld.

Lösungen

Lösung zu Seite 48, Aufgabe 1:
Waagerecht: Sohn, Ohr, Stroh, Fahne, Hahn, nehmen;
Senkrecht: gehen, Kuhle, Mühe, Rohr, Kuh, ohne, Ruhr, ihr, Uhr, Ehe

Lösungen zu Seite 50, Aufgabe 5:
Blinklicht; Lenkrad; Stinktier; Funkuhr; Ringkampf; Singvogel; Sprungturm; Fangnetz; Merkzettel; Flugzeug; Parkhaus; Klangstab

Lösung zu Seite 51, Aufgabe 3:
Waagerecht: Kasse, Wasser, Risse, Ass, Sessel, Schüsse, Nüsse, Flüsse, Boss, Insasse, Klasse
Senkrecht: Masse, Tasse, essen, wissen, lassen, messen, Assel, hassen, küssen, Rassel, Bissen, Pässe

Lösung zu Seite 57:
Das Sportass heißt Boris Becker.

Lösung zu Seite 59, Aufgabe 3:
An dem Unfall war vielleicht der BMW schuld (Hauptsatz; der BMW = Subjekt; war schuld = Prädikat; das Prädikat hat hier die Form der Verbklammer), *weil* er … mitten auf der Straße hielt (Gliedsatz) (er = Subjekt; hielt = Prädikat).
Ich hatte gerade in den siebten Gang geschaltet (Hauptsatz; Ich = Subjekt; hatte … geschaltet = Prädikat), *als* der rote Golf vor mir bremste (Gliedsatz; der rote Golf = Subjekt; bremste = Prädikat), *aber* er fuhr krachend auf den BMW auf (Hauptsatz – Konjunktion aber, er = Subjekt; fuhr … auf = Prädikat).
Der vordere Kotflügel seines Golfs war so eingebeult (Hauptsatz; Der vordere Kotflügel seines Golfs = Subjekt; war … eingebeult = Prädikat), *dass* der Fahrer fast heulen musste (Gliedsatz; der Fahrer = Subjekt; musste = Prädikat).
Es passiert oft (Hauptsatz; Es = Subjekt; passiert = Prädikat), *dass* Leute am Steuer einfach einschlafen (Gliedsatz; Leute = Subjekt; einschlafen = Prädikat).
Die Polizei erkundigte sich nach Zeugen (Hauptsatz; Die Polizei = Subjekt; erkundigte sich = Prädikat), *da* sie den Schuldigen ermitteln wollte (Gliedsatz; sie = Subjekt; wollte = Prädikat).
Wenn ich mich mal hinter's Steuer setze (Gliedsatz; ich = Subjekt; setze = Prädikat), passe ich besser auf (Hauptsatz; ich = Subjekt; passe … auf = Prädikat)!

Lösung zu Seite 60:
Einmal hatte der kleinste der sieben Riesen einen Traum. Dieser Traum hatte ihn aber so ermüdet, dass er sogleich wieder einnickte. Dieses Mal aber träumte er lauter Unsinn oder doch nicht?
Die sieben Riesen kehrten von ihrer Reise zurück, die sie fast um die ganze Welt geführt hatte. Sie beschlossen erst einmal zu essen und setzten sich an einen Tisch, der bereits gedeckt war.
Auf ihm türmten sich riesige Berge mit den tollsten Speisen. Weil niemand der Letzte sein wollte, stürmten alle Riesen fast zur gleichen Zeit an den Tisch.
Der kleine Riese wollte gerade Platz nehmen, aber da spürte er einen Knuff in die Seite.
Seine Mutter hatte ihn geweckt, damit er endlich zum Essen kommt.

„Du hast jetzt lange genug geschlafen", <u>sagte</u> die Riesenmutter.
<u>Der kleine Riese</u> rieb sich die Augen und <u>gähnte</u>: „Ach, ich bin doch noch so müde.
Und außerdem habe ich gerade so schön von einem festlichen Essen geträumt", fügte er hinzu.
„Das kannst du haben", <u>erwiderte seine Mutter.</u>
„Wirklich? Und das ist nicht geträumt?", <u>fragte er.</u>
„Für deinen kleinen Riesenhunger", <u>lachte die Mutter,</u> „wird die kleine Wanne „spaghetti gigante" schon reichen."
„Mama!", <u>ertönte</u> in diesem Augenblick ein Schrei aus der Küche.
„Hörst du?", <u>rief die Mutter,</u> „deine Geschwister haben auch Hunger. Los, komm, sonst bleibt für dich nur eine menschenkleine Portion übrig."